Klaus Gasseleder

Franken

FREIZEIT MIT KINDERN

STÖPPEL
FreizeitMedien

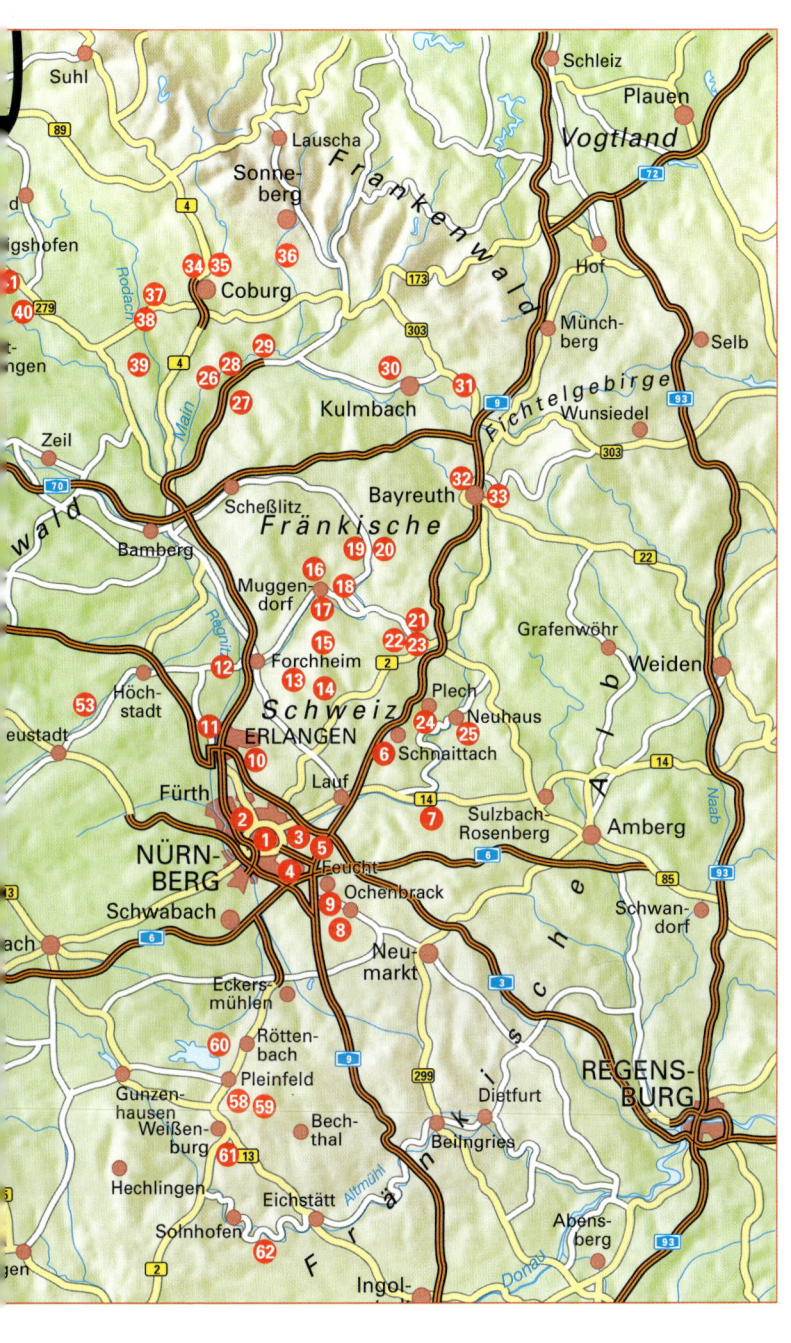

Der Autor:

Klaus Gasseleder, geb. 1945 in Schweinfurt, studierte Germanistik und Geschichte. Freier Autor und Journalist. Verfasser von Romanen, Erzählungen, Reiseberichten, Rundfunk-Features, Mundartbüchern, Literaturführern.

Trotz größter Sorgfalt bei Recherche und Zusammenstellung der Touren in diesem Buch können Autor und Verlag für die Angaben keine Gewähr übernehmen. Auf jeden Fall freuen wir uns über Korrekturen, Anregungen und Verbesserungen zu diesem Freizeitführer. Bitte senden Sie diese an: STÖPPEL FreizeitMedien GmbH, Mandichostr. 18, 86504 Merching.

Bildnachweis

Alle Fotos von Klaus Gasseleder, bis auf S. 11, S. 13, S. 33, S. 53, S. 59 oben, S. 62, S. 64 (Maria Reichenauer), S. 16 (Museum Turm der Sinne), S. 18 (Tiergarten Nürnberg), S. 30 (Erlebnispark Schloß Thurn), S. 39, S. 40 (Burg Rabenstein), S. 41 (Fränkische Schweiz-Museum Pottenstein-Tüchersfeld), S. 45 Teufelshöhle Pottenstein, S. 46/47 (Wunderland Plech), S. 54/55 (Deutsches Korbmuseum Michelau), S. 58 (Urwelt-Museum Bayreuth), S. 60 (Puppenmuseum Coburg), S. 73 (Schulmuseum Lohr a. Main), S. 79 (Freizeitland Geiselwind), S. 84 (Museum Dritte Dimension Dinkelsbühl); Copyright bei den Autoren

Titel:

Großes Foto: Auf zu neuen Taten (Foto: Digitalstock)
Kleines Foto: Saurier im Urweltmuseum Oberfranken, Tour 32 (Foto: Urwelt-Museum Bayreuth)

Bibliografische Information der Deutschen Bibliothek
Die Deutsche Bibliothek verzeichnet diese Publikation in der
Deutschen Nationalbibliografie, detaillierte bibliografische Daten
sind im Internet unter http://ddb.de abrufbar.

4., aktualisierte Auflage 2009
© 1999 STÖPPEL FreizeitMedien GmbH, 86504 Merching, www.stoeppel.de

Layout: Der Buchmacher, Arthur Lenner, München
Umschlag: grafik et cetera Maria Reichenauer
Karte: Computerkartographie Carrle, München
Druck: EOS, St. Ottilien
           Printed in Germany   ISBN 978-3-89987-322-1

Inhalt

Obermaingebiet – Bayreuth

Coburger Land – Haßberge – Grabfeld

Würzburg – Mainfranken

Westliches und südliches Mittelfranken – Altmühltal

Symbolerklärung

i	Adresse mit Telefonnummer und weiteren Informationen
🕐	Öffnungszeiten
€	Eintrittspreise
	Einkehrmöglichkeiten

P	Parkplatz
H	Anreise mit öffentlichen Verkehrsmitteln
	Kombinationsmöglichkeiten mit anderen Ausflügen
	Badegelegenheit

Symbolerklärung

	Tour auch bei Regen möglich
	Radtour
	Wanderung

❄	Tour auch im Winter empfehlenswert
	Tour auch für Kinderwagen geeignet
🔍	Besichtigung

Kartenlegende

⌂	Gasthaus, Biergarten		Hallenbad
P	Parkplatz		Freibad
🏠	Rastplatz	⚽	Spielplatz
H	Haltestelle		Wegkreuz, Bildstock
Bf	Bahnhof		Windmühle, Wassermühle
★	Sehenswürdigkeit		Grabhügel
🏛	Kirche / Kapelle	☀	Aussichtspunkt
	Burg / Schloss		
	Ruine	○	Startpunkt
	Naturdenkmal	→	Hauptroute, Richtungspfeil
	Turm / Mahnmal	→+→	Steigung
🏛	Museum / Freilichtmuseum	·········	Abstecher
F	Freizeitpark	– – – –	Abkürzung, Alternative

Einleitung

Franken umfasst vor allem die bayerischen Regierungsbezirke Unterfranken, Mittelfranken und Oberfranken, ein Gebiet fast von der Größe eines Landes wie Belgien. Wenn man die Sprache und Geschichte betrachtet, ragt Franken auch noch ein wenig in die benachbarten Bundesländer Baden-Württemberg, Hessen und Thüringen hinein. Wenn auch die fränkischen Regionen mit ihrer vielfältigen Landschaft als Reiseland nicht so häufig besucht werden wie etwa die Alpenländer, so gibt es doch eine ganze Reihe von Fremdenverkehrsgebieten, die sich gerade darin überbieten möchten, Familien mit Kindern den Aufenthalt so angenehm wie möglich zu machen. So findet sich auch eine Vielzahl von Möglichkeiten für Ausflüge mit Kindern, viel mehr, als in einem einzigen Buch dargestellt werden könnten. Es ist dem Verfasser oft nicht leicht gefallen, eine Auswahl zu treffen.

Da alle Regionen Frankens einbezogen werden sollten, finden sich in touristisch weniger erschlossenen Gebieten auch Ausflugsziele, die auf den ersten Blick nicht so interessant erscheinen mögen wie manche Ziele in den Touristenzentren, die wegen der Vielzahl konkurrierender Ziele dort keine Aufnahme finden konnten. Ein weiteres Kriterium für die Aufnahme war, dass eine Vielfalt von Freizeitmöglichkeiten aufgezeigt werden sollte, eine bunte Mischung aus

sportlicher Betätigung und Museumsbesuch, von Wanderungen, Radtouren, den Besuch von Zoos usw., also Freizeitmöglichkeiten sowohl für kleinere und größere Kinder mit ihren verschiedensten Bedürfnissen. Das Alter ist nicht nach Jahren begrenzt. Irgendwann werden Kinder es ohnehin weniger schätzen, Ausflüge mit den Eltern zu „kindgerechten" Zielen zu unternehmen und ihre Freizeit lieber am Ort selbst mit Freunden gestalten wollen.

Wie erreichen wir die Ziele?

Am besten natürlich und am schonendsten für die Natur mit der Bahn. Das ist etwa im Gebiet des Verkehrsverbundes Nürnberg noch relativ gut möglich. Doch ansonsten sind leider viele Bahnlinien eingestellt worden, oder die Züge verkehren nicht am Wochenende, wo die meisten Ausflüge stattfinden und die meisten Einrichtungen geöffnet haben. Dies gilt noch viel mehr für die Busverbindungen, die anscheinend vielerorts nur noch für den Transport von Schulkindern aufrechterhalten werden.

In vielen Fällen sind die Freizeiteinrichtungen auch bereits so auf die Autofahrer zugeschnitten, dass vom nächstliegenden Bahnhof oder der nächsten Bushaltestelle ein Anmarsch von mehreren Kilometern zum Ziel der Wünsche erforderlich ist. Dennoch haben wir auch hier die nächstgelegenen Haltestellen angegeben. Es soll auch Kinder geben, die ohne zu quengeln, noch bereit sind, ein paar Kilometer zu Fuß zu gehen, wenn sie ein lockendes Ziel vor Augen oder einfach Spaß am Wandern mit der Familie haben.

Jahreszeiten

Die meisten Ziele sind für die Sommerzeit vorgesehen, wobei natürlich besonders bei Wanderungen schöne Frühlings- und Herbsttage genauso genutzt werden können. Viele Freizeiteinrichtungen haben nur im Sommer geöffnet oder verlängerte Öffnungszeiten.

Franken ist kein Wintersportland. Nur im Fichtelgebirge, im Frankenwald und in der Rhön, also außerhalb des hier dargestellten Bereichs, ist über mehrere Wochen im Jahr Wintersport möglich.

Wanderungen

Franken ist ein Hügelland, an einigen Stellen auch Mittelgebirgsregion, also ideales Wanderland, und Wanderungen lassen sich nahezu überall machen, wie auch überall genügend Möglichkeiten zum Einkehren bestehen. So haben wir uns bei der Beschreibung bestimmter Wanderungen ein wenig zurückgehalten. Wichtiger als die Streckenführung ist beim Wandern mit Kindern sowieso die Haltung der Erwachsenen, die entscheidet, ob die Kinder Freude am Gehen und Entdecken haben oder mürrisch neben- und hinterhertrotten. Eine Herbstwanderung mit Pilzsuche kann für manche Kinder ein größeres Erlebnis darstellen als das Begehen eines Lehrpfades oder eines markierten Rundwanderweges. Lehrpfade mit langen Beschreibungen erinnern nicht nur Kinder an Schule. Kann aber ein Erwachsener mit wenigen Worten auf Naturschönheiten und Besonderheiten hinwei- sen, wird der Weg den Kindern eher zum Erlebnis, und das Lernen erfolgt ganz nebenbei.

Radfahren

Radtouren sind ebenso wie das Wandern in den hügeligen fränkischen Gegenden meist auch mit Kindern gut möglich. Lediglich in den Mittelgebirgen und an den Steilanstiegen auf die Jura-Hochflächen kann es mal weniger gemütlich werden. Andererseits gibt es genügend bequeme Radwege an Flüssen entlang, um Seen herum und auf den Trassen aufgelassener Bahnlinien. In unserem Freizeitbuch für Kinder haben wir nur wenige Radwander-Routen aufgenommen, die zum einen ohne größere Steigungen sind, zum anderen nicht auf Autostraßen verlaufen und die von Bahnhöfen aus zu anderen genannten Zielen führen.

Museumsbesuche

Allein mit der Aufzählung der größeren und kleineren fränkischen Museen ließe sich ein Band füllen. Die Auswahl und Beschränkung auf einige für Kinder besonders attraktive ist uns nicht leicht gefallen. Ob Kinder an einem Museumsbesuch Freude haben, liegt auch oft an den Erwachsenen, die sie begleiten, manchmal auch an den Erfahrungen, die sie vielleicht bei Schulausflügen schon gemacht haben. Dabei wirken auch gut gemeinte Bemühungen mancher Museen eher wie ein Schuss in den Ofen. Denn was kann Kindern den Museumsbesuch mehr verleiden als das Ausfüllen von Fragebögen, das Aufsuchen und Eintragen von Zahlen und Tabellen.

Viele Museen sind zu lehrhaft gestaltet, andere bieten gar keine Erklärungen, manche aber haben sich mit dem Einsatz zeitgemäßer Medien auf die Bedürfnisse von Kindern im Medienzeitalter eingestellt. Wichtig ist, dass man nicht ein ganzes Museum von vorne bis hinten, vom Keller bis zum Dach besichtigt, da wird kaum etwas hängen bleiben, sondern Einzelnes auswählt, sich als Erwachsener vom Staunen der Kinder leiten lässt, und sei es bei Dingen, die man selbst für nebensächlich hält.

Freizeitparks

Kommerzielle Freizeitparks sind meist mit großem Aufwand mitten in die Natur gestellt, liegen fernab von Bahnhöfen, und für die Anlage und Parkplätze werden große natürliche Flächen „verbraucht". Dennoch wollen wir nicht an allen diesen Einrichtungen vorbeigehen. Denn man kann dort neben technischen Großgeräten oft auch kindgerechte Teile wie Streichelzoos oder auch Biotope antreffen, und mancher Besuch eines Freizeitparks mit der Familie hinterläßt bleibende Erinnerungen. Verzichtet haben wir jedoch auf rein technische wenig umweltfreundliche Einrichtungen wie Go-Kart-Bahnen usw. Vielleicht noch ein Hinweis: Wer nicht auf das Wochenende angewiesen ist, etwa weil er sich sowieso auf Urlaub befindet, sollte die Freizeitparks am Samstag und Sonntag meiden. Es erspart den Erwachsenen und Kindern Stress, wenn sie nicht stundenlang an bestimmten Attraktionen anstehen müssen.

Natur

Natur kann man eigentlich fast überall in Franken erleben, und auch die bunten Kulturlandschaften mit dem Nebeneinander von landwirtschaftlich genutzten und brachliegenden Flächen, von Feldern, Wiesen und Wäldern bieten Erholung. Natürlich können Auffälligkeiten in der Natur als Ziel eines Ausflugs besonders anziehend sein. Auf den Besuch der Höhlen in einer Region mag man nicht verzichten. Auf Felsen oder Burgruinen herumzuklettern, entlang eines Flusses zu wandern, macht mehr Spaß als eine weniger abwechslungsreiche Wanderung über die Flur. So haben wir solche Besonderheiten in den verschiedensten Formen mit einbezogen. Selten finden Sie die Beschreibung von Naturlehrpfaden, die oft zu belehrend geraten sind und eher an Schule erinnern, als einen Naturgenuss vermitteln. Die einfache Freude an einem Schmetterling, das stille Beobachten von Rehen kann Kindern die Natur näher bringen als manche Schautafeln über Vögel, die man nicht zu Gesicht bekommt.

Noch etwas: So sehr es Bedürfnis eines Kindes sein kann, kreuz und quer über Wiesen und durch Wälder zu rennen, so wenig verträgt dies sich mit den Bedürfnissen der Tiere nach Ruhe, von Pflanzen nach Unversehrtheit und auch gelegentlich denen der Landwirte. Und: Die Natur ist kein Selbstbedienungsladen. Auch wenn es Freude macht, Blumen zu pflücken; wenn man dann aber zu bequem ist, diese auch nach Hause zu tragen und sich weiterhin daran zu erfreuen, sondern sie bald als überflüssigen Ballast wieder abwirft, wäre es besser, sie gleich stehen zu lassen. Das gleiche gilt für Pilze und Beeren.

Baden

Krönender Abschluss manches Ausflugs an warmen Sommertagen, aber auch das Ziel des familiären Sonntagsunternehmens wird der Besuch eines Badesees oder Schwimmbades sein. Deshalb haben wir in der Regel im Informationsteil auf die nächstgelegenen Bäder hingewiesen, auch wenn diese nicht alle extra beschrieben werden können. Die sogenannten Erlebnisbäder sind mitunter für Erwachsene anziehender als für Kinder, ein Familienausflug dorthin erfordert auch oft einen tiefen Griff in den Geldbeutel, so dass wir auch nicht alle diese wie Pilze aus dem Boden schießenden Einrichtungen mit aufgenommen haben.

Öffnungszeiten/Eintritte

Die Öffnungszeiten - besonders der kleinen Museen - ändern sich von Jahr zu Jahr, aber auch größere Einrichtungen müssen oft angesichts knapper öffentlicher Kassen an Personal sparen und ihre Öffnungszeiten entsprechend verkürzen. Besonders wer im Winter eigens wegen eines Museumsbesuches eine Reise antritt, sollte sich vorher erkundigen, ob es an dem betreffenden Tag auch geöffnet hat. Ebenso wie die Öffnungszeiten ändern sich auch die Eintrittsgelder, so dass die angegebenen Beträge nur einen Richtwert darstellen können.

Gaststätten

Es gibt wohl wenige Regionen in Deutschland, in denen es noch so viele Gaststätten gibt, in denen man auch mittags essen kann, wie in Franken. In vielen Gegenden kann man sich fast sicher sein, dass in jedem Dorf ein Gasthaus zum Essen lädt, am Sonntag auf jeden Fall. Viele unter ihnen haben im Sommer auch einen Garten oder eine Terrasse geöffnet. Insofern haben wir auch selten auf spezielle Gasthäuser verwiesen, zumal die Essbedürfnisse der Kinder sich doch selten mit denen der erwachsenen Gourmets decken, und oft die Entdeckung einer Imbissbude oder eines amerikanischen Fast-food-Restaurants mehr Freude bei den Kindern auslöst als der gemütliche schattige Biergarten oder das Spezialitätenrestaurant. Bei größeren Orten mit vielen Lokalen haben wir auf einen besonderen Hinweis verzichtet.

Klaus Gasseleder

1 Nürnberg – Spielzeugmuseum

Nürnberg hat eine lange Tradition der Spielzeugherstellung und des Handels mit Spielzeug, die von den Puppenmachern (Dockenmachern) des Mittelalters bis zur heutigen internationalen Spielwaren-messe reicht, der bedeutendsten Fach-messe ihrer Art.

Kein Wunder also, dass in der Stadt ein Spielzeugmuseum entstand. Hinter der Renaissance-Fassade eines Nürnberger Bürgerhauses wurde von der Stadt Nürn-berg ein Museum vor allem für ihre reiche Puppen- und Spielzeugsammlung einge-richtet, das mittlerweile völlig umgestaltet worden ist. Auf vier Stockwerken kann der Besucher eine Zeitreise durch die Ge-schichte des Spielzeugs von der Antike bis zur Gegenwart unternehmen, wobei der Schwerpunkt auf den letzten beiden Jahr-hunderten liegt.

Dazu gehört die Abteilung „Die Welt aus Blech", eine Präsentation des Lehmann-Blechspielzeugs. Modelle von Fahrzeugen, vor allem auch Eisenbahnen, und Dampf-

Tipp

*Unter dem Motto **Spielen im Freien – Staunen im Dunkeln** steht die OpenAir-Erweiterung des Museums. Es gibt einen riesigen Spielplatz, auf dem Kinder u. a. Gelegenheit haben, historische Spiele kennenzulernen. Im Schattenreich fasziniert das Spiel mit Licht und Schatten. Näheres unter www.museen.nuernberg.de/ spielzeugmuseum*

Toureninfos:

Spielzeugmuseum
(Museum Lydia Bayer),
Karlstraße 13-15 (Museum),
Irrerstraße 21 (Verwaltung)
D-90403 Nürnberg
Tel. 09 11 / 231-3164, Fax 09 11 / 231-2710
www.spielzeugmuseum-nuernberg.de
spielzeugmuseum@stadt.nuernberg.de

Di-Fr: 10-17 h, Sa-So: 10-18 h

Erwachsene (ohne Nürnberg Pass)
(ab vollend. 18 Lebensjahr)   5,00 EUR

Erwachsene (mit Nürnberg Pass)
(ab vollend. 18 Lebensjahr)   2,50 EUR

Ermäßigte (ohne Nürnberg Pass)
(vollend. 4. bis vollend. 18. Lebensjahr,
Schüler, Studenten, Wehr-/ Zivildienst,
FSJ)   2,50 EUR

Ermäßigte (mit Nürnberg Pass)
(vollend. 4. bis vollend. 18. Lebensjahr,
Schüler, Studenten, Wehr-/ Zivildienst,
FSJ)   1,50 EUR

Schüler im Klassenverband,
pro Schüler   1,50 EUR

Gruppen ab 15 Personen,
pro Person   4,00 EUR

Familienkarte 1
(ein Elternteil mit einem oder
mehreren eigenen Kindern) 5,50 EUR

Familienkarte 2
(beide Elternteile mit einem
oder mehreren eigenen Kindern)
    10,50 EUR

Inhaber der „Familienkarte Nürnberg"
des Bündnisses für Familie
(ein Elternteil mit einem
oder mehreren eigenen Kindern)
4,50 EUR

Inhaber der „Familienkarte Nürnberg"
des Bündnisses für Familie
(beide Elternteile mit einem
oder mehreren eigenen Kindern)
8,50 EUR

P Parkhäuser Hauptmarkt, Augustiner-
straße

☕ Museumscafé La Kritz

Ⓗ Straßenbahn 4 bis Hallertor,
U-Bahn 1 bis Lorenzkirche

maschinen, belegen, dass die Nürnberger Spielzeugfabrikation sich ähnlichen Themen wie die Nürnberger Industrie gewidmet hat.

Eine gänzlich neu gestaltete Ausstellungseinheit im Dachgeschoss zeigt das Bastelwerk der Nachkriegszeit bis hin zum High-Tech-Spielzeug der Gegenwart. Lego, Play-Mobil, Schuco-Autos, um nur einiges zu nennen, sind gesammelt und erwecken nicht nur die Freude der Kinder sondern auch die Erinnerungen ihrer Eltern. PC-Spiele auf CD-Rom können sogar ausprobiert werden.
Kleinere Kinder können in einem eigenem Kinderbereich phantasievoll und nach Herzenslust spielen.

Der schönste Spielplatz in der Nürnberger Altstadt: Von Anfang Mai bis Ende Oktober bietet der große Museumsspielplatz viele fantasievolle Spielmöglichkeiten für Kinder. Unter dem Spielplatz lockt in historischen Kellergewölben das Schattenreich" mit optischen Spielereien.

2 Nürnberg: Turm der Sinne

In einem alten Stadtturm am Spittlertorgraben / Ecke Mohrengasse wird auf mehreren Stockwerken gezeigt, wie unsere Sinne, Augen, Ohren, Geruchssinn, Tastsinn getäuscht werden können, indem das Gehirn unter bestimmten Bedingungen Sinneseindrücke „falsch" verarbeitet. Spiralen vergrößern sich scheinbar, Flächen scheinen sich zu bewegen, Straßenzüge schwanken hin und her. Gewichte werden falsch eingeschätzt, Töne nicht richtig gehört, Geschmacksnerven lassen sich täuschen und auch der beste Basketballer wird den Korb nicht treffen, wenn er sich Richtungen falsch eingelernt hat.

Kurzum: Man kann staunend dem Gehirn bei seiner Arbeit zusehen und merkt, dass man nicht immer nur seinen Sinnen vertrauen darf. Ein ebenso interessante wie lehrreiche Ausstellung, vor allem für größere Kinder.

Turm der Sinne

Die Kleinen können sich vielleicht in der Zwischenzeit auf einem Spielplatz knapp 100 m entfernt auf der Rückseite der Stadtmauer vergnügen.

Tipp

*Noch ein Museum zum Anfassen: das **Kinder- und Jugendmuseum Im Kachelbau**. Neben Sonderausstellungen widmen sich zwei Bereiche „Alltag der Urgroßeltern" und „Schatzkammer Erde" historischen und naturwissenschaftlich-technischen Themengebieten. Michael-Ende-Str. 17, 90439 Nürnberg, www.museum-im-koffer.de*

Stellvertretend für rund zehn weitere offene Abenteuerspielplätze für Kinder von 6-14 Jahren in Nürnberg soll dieser von Sozialpädagogen betreute Spielplatz an der idyllischen Goldbachwiese nahe des S-Bahnhofs Gleißhammer im Stadtteil Zerzabelshof stehen. Zu diesem Spielplatz können Kinder bis 14 Jahren an den Werktagen am Nachmittag kommen und im Spielhaus oder im Freien gemeinsam spielen. Allerlei Spiel- und Klettergeräte (Schaukel, Rutsche) sind aufgebaut, eine Feuerstelle, Tischtennisplatte und ein Planschbecken stehen zur Verfügung. Gemeinsam wird an neuen Holzhütten und Spielgeräten gebaut. Ein Garten und eine Vielzahl von Bäumen befinden sich auf dem Gelände. Zudem kann man auch Spaziergänge entlang des Goldbaches unternehmen. Für regelmäßige Besucher gibt es Hausaufgabenbetreuung, Feste und Kurse, etwa im Töpfern, Basteln und Kochen.

Toureninfos:

Verein Abenteuerspielplatz Goldbachwiese e.V.,
Goldbachstraße 26, 90480 Nürnberg
Tel. 09 11 / 40 02 40
Fax 09 11 / 4 80 83 22
E-Mail: buero@abenteuerspielplatz-goldbachwiese.de
www.abenteuerspielplatz-goldbachwiese.de

13 h-18 h, in den Ferien 12-18 h

kostenlos, außer für Kurse

S-Bahn, Linie 2, Richtung Feucht,
Haltestelle Gleißhammer
(200 m entfernt)
Bus-Linie 43,44
Bahnhof Gleißhammer

Tipp

Im Museum Industriekultur kann man Schulunterricht vergangener Zeiten, sowie allerlei alter Maschinen bewundern und einen Einblick in das Alltagsleben des 19. Jahrhunderts gewinnen.
Info: *Museum Industriekultur. Äußere Sulzbacher Str. 60-62, 90401 Nürnberg, Tel 09 11 / 2 31 38 78*

Kinder können selbst Holzhütten bauen

Ein kleiner Delphin im Delphinarium

Der Tiergarten liegt am Berg Schmausenbuck inmitten einer abwechslungsreichen hügeligen und mit Sandsteinfelsen bestückten Landschaft. Das Gelände ist recht weiträumig, so dass der Besuch des Tiergartens zugleich mit einem ausgedehnten Spaziergang verbunden ist. Man kann jedoch auch mit einem Bähnchen die Wegstrecken abkürzen.

Der 1912 gegründete Tiergarten besitzt mehr als 2000 Tiere aus über 350 Arten, wovon über 70 zu den gefährdeten Arten gehören, die zur Arterhaltung gezüchtet werden. Zu sehen sind Exemplare nahezu aller auch Kindern bekannten Tieren wie Affen, Großkatzen, Giraffen, Bären, Raubvögel bis hin zu nahezu allen heimischen Tieren. In einem Streichelzoo können die Kinder Ziegen, Schafe und Esel streicheln und auch mit dem an Ort und Stelle gekauften Futter füttern. Besonders beliebt ist seit 2007 ein Besuch bei dem Eisbärenmädchen

„Flocke". Das einzigartige Delphinarium mit Vorführungen der Tiere und eine neue Delphinlagune kosten gesonderten Eintritt. Eine Reihe von Gaststätten bietet Gewähr dafür, dass man sich auch von den längeren Wegen erholen kann.

> **Toureninfos:**

Tiergarten Nürnberg,
Am Tiergarten 30, 90480 Nürnberg,
Tel. 09 11 / 54 54 6,
Fax 09 11 / 5 45 48 02,
E-Mail: tg@stadt.nuernberg.de
www.tiergarten.nuernberg.de

April-Sept: täglich 8.30-19.30 h,
Okt-März: täglich 9-18 h

Erwachsene: 7,50 €, Kinder: 3,70 €,
Schüler 6,00 €, Familie 18,00 €
Delphinarium: Erwachsene: 4,50 €,
Kinder: 2,00 €

Großparkplätze am Tiergarten

Linie 5 ab Hauptbahnhof
Bus 65 ab S-Bahnhof Mögeldorf

Auch einen Streichelzoo gibt es im Nürnberger Tiergarten

Wir beginnen unsere Tour am Haupteingang des Nürnberger Tiergartens (siehe Tour 4). Sie führt uns auf meist ebener, zuweilen leicht ansteigender Strecke durch den Reichswald. Dieser ausgedehnte Wald im Osten der Großstadt Nürnberg war einst im Besitz der Kaiser und Könige des Reiches, die dort Jagdrechte besaßen. Im Jahre 1273 kam er an die Nürnberger Burggrafen und 1427 in den Besitz der Stadt Nürnberg, 1806 dann an das Königreich Bayern. Der Teil südlich der Pegnitz wird nach der Nürnberger Hauptkirche Lorenzer Reichwald genannt.

Vom Eingang des Tiergartens wenden wir uns nach rechts und folgen der um den Tiergarten herum führenden Fahrstraße, an deren Seitenstreifen geparkt werden kann. Wo die Hauptstraße nach etwa 200 Metern Richtung Innenstadt abbiegt, fahren wir gerade aus weiter und kommen auf einer schmalen Asphaltstraße in den Wald. Die Straße führt noch eine Weile am Tiergarten entlang und geht dann in eine schotterige Waldstraße über. Bei allen Abzweigungen nehmen wir den geraden Weg weiter. (Nur, wer die Tour abkürzen möchte, kann frühzeitig nach links abbiegen und gerät auf der anderen Seite des kleinen Berges auf den Rückweg.). Nach etwa 5-6 Kilometer nur leicht ansteigender Strecke erreichen wir eine größere Steigung von etwa 200 Meter Länge am Südrand des Hirschenkopfs, danach kommen wir an eine Lichtung mit einer Wegkreuzung. Geradeaus führt der Weg weiter nach Brunn. Wir aber biegen hier nach links in die gerade Schotterstraße ein, an deren Rand eine Stromleitung vor-

Toureninfos:

i Weglänge ca. 13 km

P Am Tiergarten

H Tiergarten Nürnberg (Straßenbahn 5)
S-Bahn Laufamholz, Schwaig, Mögeldorf

beiführt. Nach einem kurzen Aufstieg wird man mit einer längeren Abfahrt belohnt, die man allerdings nicht zu schnell fahren sollte, da gerade hier die Straße recht schotterig ist. Dann geht die Straße eben und kerzengerade weiter, in der Mitte dieses Stücks kommen wir wieder zu einer Kreuzung. Hier biegen wir nach links ab (Geradeaus geht es nach Schwaig / S-Bahnstation, vorbei an einem Badesee; rechts nach Brunn). Links unserer Straße führt ein schmaler asphaltierter Weg. Auch in diesem Abschnitt begleiten uns Strommasten.

Am Ende des Asphaltwegleins kommen wir an eine Weggabelung und nehmen den in halblinke Richtung führenden Weg (der halbrechts parallel zur Stromleitung abzweigende Weg führt zum S-Bahnhof Laufamholz).

Unser Weg führt fast eben weiter, heißt nunmehr „Sandweg" und ist auf dem letzten Stück asphaltiert. Links liegt der Schmausebuck mit dem Aussichtsturm und kurz vor Erreichen der Parkplätze am Tiergarten findet sich links im Wald ein kleiner Waldspielplatz. An der Autostraße biegen wir nach links zum Eingang des Tiergartens ein.

Der Hof der Festung

Wenige Kilometer oberhalb des Marktes Schnaittach (Abzweigung von der Umgehungsstraße) liegt die gewaltige Festungsanlage Rothenberg, einst Burg der Herren von Rothenberg, einer ehemaligen kleinen katholischen Herrschaft inmitten des damals protestantischen Nürnberger Landgebietes. Die Herrschaft fiel nach Aussterben der Rothenberger an Bayern, und nachdem die Burg 1703 im Spanischen Erbfolgekrieg geschleift wurde, ließ 1729 der bayerische Kurfürst an der Grenze zum Nürnberger Landgebiet die militärische Festung mit sechs Bastionen bauen. Das nie eroberte, aber militärisch nunmehr bedeutungslose Bauwerk wurde 1835 auf Befehl von König Ludwig I. aufgelassen und verfiel, ist heute aber zum Teil renoviert und zu besichtigen. Die Besichtigung ist nur mit Führern möglich (Gruppen ab 5 Personen). Hinter dem Festungsgraben erheben sich 17 m hohe mächtige Mauern. Durch eine Brücke gelangt man in den inneren Festungshof, wo auf großem Gelände die Reste von Festungsgebäuden, vor allem der Kasernen, stehen. Nach dem Gang über die Kasematten sind die Kinder sicherlich vor allem von der Führung durch die weit-läufigen unterirdischen Gänge angetan, die nur vom fahlen Schein der Grubenlampen beleuchtet werden, zumal wenn der Führer ihnen eine Gespenstergeschichte er-zählt. Eine solche ist auch in einer vom Heimatverein Schnaittach herausgegebenen und bei Führungen erhältlichen kleinen Broschüre nachzulesen.

Hinweis: Mit interessierten größeren Kindern kann man auch das „Jüdische Museum Schnaittach" oder die drei kleinen nebeneinander liegenden Friedhöfe im Nordwesten des Ortes besuchen.

Toureninfos:

Heimatverein Schnaittach, Walter Herchenbach, Postfach 28, 91218 Schnaittach
Tel. 09 153 / 80 78, Hotline 171-68 89 886
Burgherr@Festung-Rothenberg.de

1.4 - 31.10. täglich außer Montag: 10 h-17 h
Nur mit Führung in der Regel zur vollen Stunde (ab 4 P.), letzte Führung um 17.00 h

Erwachsene (ab 14 J.): 2,00 €,
Kinder (4-13 J.): 1,00 €

Parkplatz etwa 500 m unterhalb der Festung, von hier mäßig steiler Anstieg

DB-Linie 891.3 Nürnberg - Simmelsdorf; Bus 8934 / VGN 311 Nürnberg - Betzenstein

Burggaststätte etwa 200 m unterhalb der Festung auf steilem Fußweg, vom Parkplatz aus auf einem 800 m langen Weg mit dem Auto zu erreichen

Freibad in Schnaittach, Hallenbad, Freibad in Lauf a. d. P.

7 Happurg – Stausee: Baden und Bootsfahren

An der Straße von Hersbruck nach Alfeld liegt hinter und gegenüber der Ortschaft Happurg ein Stausee. Man kann nicht nur dort ohne Eintrittsgeld zu entrichten, schwimmen und die Liegewiesen nutzen, sondern auch in kleinen Booten segeln oder Tretbootfahren (Ausleihe beim Restaurant „Seeterrassen"). Auch hat man beim Terrassenrestaurant ein paar größere Spielgeräte (Schaukel, Rutsche, Kletternetz) aufgebaut. Schließlich ist es ein angenehmer, auch für Kinder nicht zu langer, Spaziergang von etwa einer Stunde, wenn man den See einmal umrunden möchte.

Toureninfos:

i Gemeinde Happurg,
Hersbrucker Str. 6, 91230 Happurg
Tel. 0 91 51 / 8 38 30;
info@happurg.de; www.happurg.de

🕐 Der See ist ständig zugänglich

P am Restaurant, nahe der Straße

Seerestaurant

Abendstimmung am Happurger Stausee

Eine kühle Abenteuerwanderung: Schwarzachklamm bei Feucht

Eine der schönsten Wanderungen im Nürnberger Umland ist die durch das romantische Schwarzachtal. Ausgangspunkt ist der Parkplatz an der Schwarzachbrücke in Schwarzenbruck-Ochenbruck. Hier beginnt gleichzeitig auch ein wasserwirtschaftlicher Lehrpfad, der uns zu den Schleusen und Wassergewinnungsanlagen an der Schwarzach und am alten Ludwigskanal führt.

Wir gehen vom Parkplatz über die Brücke und wenden uns dann nach links, wobei wir uns immer nahe am Ufer der Schwarzach halten. Bald verengt sich das Tal zu einer Schlucht, links des Flusses ragt ein bewaldeter Hang auf, auf unserer Seite passieren wir gleich nach dem Sportplatz die ersten Felsengebilde. Ein Gasthaus lädt bald zum Verweilen ein, danach geht der schattige Weg im Tal weiter.

Immer wieder drängen Felsen und Sandsteinhöhlen an den Weg. Bei einem alten Kraftwerk im Ortsteil Gsteinach müssen wir kurzzeitig die Schlucht verlassen, erreichen sie aber nach hundert Metern wieder.

Noch mehrmals stoßen wir auf Felsenhöhlen, die alle ihre eigenen Namen haben wie „Karlshöhle", „Gustav-Adolf-Höhle". Nach etwa zwei Kilometern führt der Weg dann hinauf nach Brückkanal. Etwas unterhalb der Stelle, wo der Ludwigskanal auf einer Brücke über die Schwarzach geleitet wird, empfängt ein

Biergarten den Wanderer. Hier ist auch die 25 Meter über den Fluss führende historische Kanalbrücke zu bestaunen, die nach Plänen des bayerischen Hofbaumeisters Leo von Klenze nach Vorbild römischer Aquädukte errichtet worden ist. Von hier geht ein Fußweg zur Autobahnraststätte Feucht und eine Straße zur Fahrstraße Feucht – Wendelstein. Der kürzeste Rückweg nach Ochenbruck ist es, wenn wir wieder den gleichen Weg durch die Schlucht nehmen. Nicht viel weiter ist es aber, wenn wir auf der linken Seite des Kanals ein Stück weitergehen, dabei die Reste der alten Kanalschleusen besichtigen. Nach etwa 200 Metern können wir links in den Wald treten und auf dem Waldweg oberhalb der Schwarzach zurückgehen.

8

➤ Toureninfos:

i Gemeinde 90592 Schwarzenbruck, Tel. 09 128 / 99 11-0

⏱ Streckenlänge 3 km, Dauer 1 Std., nicht für Kinderwagen geeignet (Stufen und Engstellen)

P Parkplatz an der Brücke in Ochenbruck. Autobahnraststätte Feucht, Sportplatz in Gsteinach

Ⓗ Bahnhof Ochenbruck der Linie 880 Nürnberg - Regensburg, 1 km entfernt; Bus 8941 (VGN 502) Nürnberg - Ochenbruck - Gsteinach

🍴 Mehrere Gaststätten im Schwarzachtal bei Ochenbruck, Gsteinach, in Brückkanal

Ohne große Steigungen am Kanal entlang: eine Radtour für alle

Der Ludwigskanal wurde in den Jahren 1836 - 1843 während der Regierungszeit des bayerischen Königs Ludwig I. angelegt, um eine alte, schon Karl dem Großen bekannte Idee zu verwirklichen, den Main (und damit den Rhein) mit der Donau für die Schifffahrt zu verbinden. Doch hat sich der Kanal nach dem fast gleichzeitigen Ausbau des Eisenbahnnetzes wenig rentiert und wurde im 20. Jahrhundert nur noch auf kurzen Strecken benutzt.

Seit 1950 ist er völlig stillgelegt, teilweise ohne Wasser und im Bereich der Stadt Nürnberg sogar mit dem Frankenschnellweg überbaut. Besonders beeindruckend am Ludwigskanal ist die Überquerung der Juraberge, für die zwischen Nürnberg und der Mündung bei Kelheim 94 gleichartige Schleusen und 54 Brücken nötig

▶ Toureninfos:

ℹ Info über Züge der RB-Linie Nürnberg-Feucht-Neumarkt und der S-Bahn-Linie Nürnberg-Feucht-Altdorf unter
www.bahn.de
Sämtliche genannten Ziele liegen im Bereich der VGN und können auch mit dem VGN-Tagesticket befahren werden
Tourenlänge 23 km,
Dauer 2 Std. einfach

P bei Brückkanal, in Neumarkt an der Freystadter Straße

🍺 Biergärten am Bruckkanal, Biergarten bei Schleuse 35, in Pfeifferhütte, Burgthann, am Kanal, Nähe Bahnhof

≈ Neumarkt: Frei- und Hallenbad, Feucht

waren. Die schmalen Schiffe wurden nach dem Treidelsystem mit Pferden gezogen, so dass sich beiderseits des Kanals Wege befinden, die man für Radtouren nutzen kann. Der stille Kanal mit Baumreihen am Rande und zahlreichen (ursprünglich 69) erhaltenen Schleusenwärterhäuschen mit idyllischen Gärtchen stellt eine vom Autoverkehr unbelastete Fahrradstrecke ohne besondere Steigungen dar. Bei Feucht besteht Anschluss an die Autobahnraststätte Feucht Ost, und zwar am Brückkanal, wo der Kanal die Schwarzachschlucht überquert (siehe Tour 8). Die Bahnhöfe in Feucht, Ochenbruck, Mimberg, Burgthann und Neumarkt sind nicht weit vom Kanal entfernt, so dass auch eine Rückfahrt mit der Bahn gut möglich ist.

Vom Bahnhof Feucht fahren wir etwa parallel zur Autobahn in südlicher Richtung aus dem Ort bis wir in ein Waldstück kommen, wo wir geradeaus auf einem Schotterweg nach Brückkanal fahren. Wir fahren immer am Kanal entlang bis zur Freystädter Straße, wenden uns dann nach links und nach Überquerung der Bahnlinie nach rechts zum Bahnhof. Natürlich ist die Tour auch in umgekehrter Richtung oder als Hin- und Rückfahrt möglich.

Tipp

In Feucht kann man am Samstag und Sonntag zwischen 14 und 17 Uhr sowie nach Vereinbarung (Tel. 0 9 22 / 35 02) das Hermann-Oberth-Raumfahrt-Museum (Pfinzingstraße 12-14) besichtigen, das nach dem Raketenpionier Hermann Oberth (1894-1989) benannt wurde, der seinen Lebensabend in Feucht verbrachte. Viele Originalobjekte aus dem Bereich der Raumfahrt, Modelle, Text- und Bildtafeln erläutern die Entwicklung der Raumfahrt. Für Kinder- und Jugendliche hat man ein besonders lehrreiches und unterhaltsames Programm entwickelt.
Adresse: Pfinzingstraße 12-14, 90537 Feucht, Tel. 09 128 / 35 02
Fax 09 128 / 1 49 20, www.luftfahrtmuseum.com

Am nördlichen Stadtrand von Erlangen-Tennenlohe liegt am Rande des Reichswaldes das Walderlebniszentrum Tennenlohe. Man kann die Besichtigung mit einer Radtour verbinden und von Erlangen aus ab der Hammersbacher Straße auf einem schönen Waldweg, dem Franzosenweg, vorbei am Naturschutzgebiet Brucker Lache, zum Gelände fahren. Dort findet sich im eingezäunten Teil eine Art Freilandmuseum für Geräte, die im Forstbetrieb gebraucht werden und wurden, darunter

Ein Holzmeiler zur Kohlegewinnung ist aufgebaut

auch Holztransportschlitten, Wa- gen zur Sandsteingewinnung und zahlreiche Kleingeräte sowie eine Zeidlerei. In einem Haus ist eine forstgeschichtliche Sammlung untergebracht, in einer anderen Hütte kann man sich über die Ökologie des Waldes informieren. Am Querschnitt einer Eiche aus der Gründungszeit des Waldes um 1668 ist es möglich, deren Alter abzulesen. Außerhalb des Geländes findet sich im Wald ein Holzlabyrinth, ein kleiner Walderlebnispfad zum Barfußgehen, ein Waldtelefon und ein Lehrpfad mit Waldkräutern, die in der Heilkunde eine Rolle spielen.

➤ Toureninfos:

ℹ️ Walderlebniszentrum
Erlangen-Tennenlohe,
Franzosenweg 60, 91058 Erlangen,
Telefon 0 91 31 / 60 46 40
Fax 0 91 31 / 69 37 77

🕐 Sommerzeit gilt vom 1.3.-31.10.
Mo 7.30-12.00, Di-Do 7.30-16.00
Freitag 7.30-18.00
So und Feiertags 11.00-18.00

Winterzeit gilt vom 1.11.-28.2.
Mo-Do 7.30-16.00, Freitag 7.30-14.00
So und Feiertags 10.00-16.00

€ Eintritt: frei

🅿️ Am Franzosenweg in Erlangen-Tennenlohe, am Sportplatz in Tennenlohe

Ⓗ Linien 30 und 295 von Stadtmitte, Haltestelle Heuweg

〰️ Frei- und Hallenbäder in Erlangen, Fürth und Nürnberg

Wagenremise für Transportkutschen

11 Erlangen: Radtour Erlangen – Dechsendorfer Weiher – Kanalschleuse – Wasserräder – Möhrendorf – zurück nach Erlangen

Wir verlassen Erlangen vom Hauptbahnhof aus. Vor dem Bahnhof wenden wir uns nach rechts bis zur Unterführung. Durch diese gelangen wir auf eine Straße längs des Großparkplatzes zur Autobahnunterführung. Haben wir diese unterquert, wenden wir uns nach rechts und fahren bis zur aus der Stadt führenden Dechsendorfer Straße. Ihr entlang können wir auf dem Radweg stadtauswärts fahren. Dabei überqueren wir die Regnitz, fahren an einem allein stehenden Hochhaus vorbei und gelangen nach etwa zwei Kilometern auf die Brücke über den Kanal. Danach fahren wir in kleines Sträßchen rechts der Hauptstraße am Waldrand weiter und gelangen zum Gasthaus Heusteg. Danach biegen wir gleich in den Wald ab. Nach etwa 2 Kilometern sind wir am Dechsendorfer Weiher, wo Badegelegenheit und die Möglichkeit zur Einkehr bestehen. (Gasthaus mit Biergarten und Pizzeria mit Garten an der Straße, ein Kiosk und ein weiterer kleiner Biergarten an der Westseite des Sees).

Wer sich auf das Baden im Weiher (mit Strandanlage) einstellt, möge sich, um keine Enttäuschung zu erleben, vorher erkundigen, ob dies zur Zeit möglich ist, da in den letzten Jahren zeitweise das Badevergnügen wegen einer Blaualgenplage getrübt bzw. gänzlich untersagt war.

Mit dem Rad erreichbar:
Der Dechsenhofer Weiher bei Erlangen

➤ Toureninfos:

ℹ Fremdenverkehrsamt der Stadt Erlangen, Tel. 09 131 / 89 51-0

🕐 Reine Fahrzeit: 2-3 Stunden Gesamtstrecke 20 km

€ Jederzeit freier Zugang zu den Badeseen

P Parken: Großparkplatz hinter dem Bahnhof Erlangen

Ⓗ Hauptbahnhof Erlangen der Bahnlinie Bamberg-Nürnberg

🍴 Zahlreiche Gaststätten in Erlangen, Möhrendorf, Kleinseebach, Oberndorf, Dechsendorf, am Dechsendorfer Weiher

11 Auf dem Rückweg folgen wir zunächst dem gleichen Weg in den Wald, biegen dann aber bei einer Abzweigung nach links dem grünen Radwegeschild „Rund um Erlangen" und dem Wegweiser „Oberndorfer Weiher" folgend ab. Nunmehr geht es etwas länger durch den Wald an ein paar kleinen Waldseen, den Oberndorfer Weihern, entlang, an denen wir vielleicht Angler antreffen, bis wir an den Kanal gelangen.

Auf dem Kanalweg fahren wir nach rechts bis zur Schleuse. Mit etwas Glück und Geduld können wir sehen, wie sich das riesige Schleusentor öffnet und ein Schiff ein- oder ausgeschleust wird. Danach fahren wir über den Kanal und biegen bei dem Schild Regnitz-Radweg (grünes R) in den Wald ein. Wir gelangen an das Möhrendorfer Neubaugebiet, fahren nach Überquerung einer Straße geradeaus weiter und gelangen über freies Feld in den aus wenigen Häusern bestehenden Weiler Oberndorf. Dort gibt es nicht nur für die Erwachsenen ein Fischlokal mit Biergarten, sondern wiederum einen kleinen Badesee.

Nach dieser Rast können wir am Rande des Ortes Möhrendorf weiterfahren. Wir gelangen an die Regnitzbrücke. Sobald wir sie überquert haben, biegen wir nach rechts in den Radweg, Richtung Erlangen (grüner Pfeil), ein.

In den Sommermonaten sollten wir jedoch nicht gleich weiterradeln, sondern ein paar Meter hinab zur Regnitz zu den berühmten Wasserrädern fahren. Nach einer aus Kleinasien importierten Methode wird mit diesen rund 500 Jahre alten Wasserrädern mit anmontierten Eimern Wasser aus der Regnitz in Laufrinnen geschöpft und aus diesen die Felder bewässert. Rund 480 l Wasser pro Umdrehung eines Rades können entnommen werden. Ein Wasserrad besteht aus 470 hölzernen Einzelteilen, unter anderem 24 Schaufeln. Heute existieren in diesem Abschnitt der Regnitz noch 17 Wasserräder, die jährlich eingebaut und instandgehalten werden.

Nach Besichtigung der Wasserräder fahren wir an der Regnitz und der Autobahn entlang Richtung Erlangen zurück. Nach einiger Zeit müssen wir die rechts fließende Regnitz verlassen, nicht ohne noch einmal auf die Wasserräder

Spannend ist es, das Ein- und Ausfahren der Schiffe an der Schleuse zu beobachten

Sommerliche Attraktion: Alte Wasserschöpfräder an der Regnitz

gesehen zu haben und fahren längs der Autobahn, bis wir zu den ersten Häusern von Erlangen kommen.

Wir können nun entweder über die kleine Schwabachbrücke zur Dechsendorfer Straße und da entlang zurück zum Bahnhof fahren, oder radeln weiter an der Schwabach entlang, bis wir am Hotel Residenz zur Schwabachbrücke bei der Bayreuther Straße kommen. Wir biegen nach rechts zur Innenstadt ab und fahren auf der Hauptstraße bis zum Beginn der Fußgängerzone. Dort biegen wir rechts und wieder links ab zum Bahnhof.

Tipp

Von der Schleuse in Möhrendorf fahren wir auf der rechten Kanalseite weiter unter drei Brücken hindurch. Nach der dritten Brücke fahren wir einen Feldweg bergab und biegen nach links zum ruhigen Ausee bei Baiersdorf, einem weiteren Badesee, ein.

12 Heroldsbach:
Erlebnispark Schloß Thurn

Der Freizeitpark „Schloß Thurn" ist einer der größten Freizeitparks Frankens, an dem niemand, der derartige Einrichtungen schätzt, vorbeigehen kann. Er liegt inmitten des mit alten Bäumen bestückten Schlossparks des ehemaligen Wasserschlosses Thurn.

Es gibt zahlreiche Einrichtungen für Kinder verschiedenen Alters, aber auch für Erwachsene: Achterbahn, Wildwasserbahn, eine Westerndampfbahn, Schwebebahn, Oldtimerautos, Kindereisenbahnen oder zum Befahren des Sees Wasserbob und Tretboote. Die Benutzung der Geräte und Fahrzeuge ist im Preis eingeschlos-

An Ostern wird etwas Besonderes geboten
Foto: Erlebnispark Schloß Thurn

> **Toureninfos:**

ℹ️ Erlebnispark Schloß Thurn,
Schlossplatz 4, 91336 Heroldsbach,
Tel. 09 190 / 92 98 98, Fax 92 98 88,
E-Mail: info@schloss-thurn.de

🕐 jährlich wechselnd, genauen Plan
bitte erfragen

€ Erwachsene: 13,50 €,
Kinder (4-12 J.): 11,50 €

🅿 Parken: Am Gelände

🚌 Buslinie 8205
Baiersdorf - Heroldsbach;
Buslinie 8922
Forchheim-Heroldsbach

🍴 Im Gelände gibt es mehrere
Verpflegungsstationen

〰️ Dechsendorfer Weiher,
Oberndorfer Weiher in Möhrendorf,
Ausee bei Baiersdorf, Frei- und
Hallenbäder in Erlangen

sen. Für kleine Kinder gibt es „Grimms Märchenland", einen Streichelzoo, für alle Minigolfplätze, Abenteuerspielplätze einen Zoo, Marionettentheater, Westernshows, Ritterturniere und vieles mehr. Natürlich sind auch Gaststätten angeschlossen.

Das „Walberla" ist ein Zeugenberg, das heißt ein vom eigentlichen Gebirge, hier dem Jura, abgetrennter Vorberg, der den Witterungseinflüssen standgehalten hat, die die umgebenden Erhebungen abgetragen haben. Durch seine exponierte Lage über der Regnitzebene mit herrlicher Aussicht ist der Berg schon frühzeitig u. a. von Kelten besiedelt worden. Deren „Oppidum", d. h. Bergstadt, folgten germanische Siedlungen, bis nach der Christianisierung des Landes eine christliche Kirche, die Walpurgiskapelle, auf dem Berg errichtet wurde. Sie gab dem Berg, der offiziell „Ehrenbürg" heißt, seinen volkstümlichen fränkischen Namen „Walberla". Der Ort ist seit langem zu einem Wahrzeichen der vorderen Fränkischen Schweiz geworden, nicht zuletzt wegen des am ersten Sonntag im Mai dort abgehaltenen Kirchweihfestes.

Im Herbst fliegen die Drachen am höchsten

> **Toureninfos:**

ℹ️ Info Gemeinde Kirchehrenbach, Tel. 091 91 / 79 89-0

🕐 Auf- und Abstieg je eine halbe Stunde Rundweg 2-3 Stunden

€ Eintritt: frei zugänglich

🅿️ Parkplatz „Walberla" in Kirchehrenbach oder unterhalb des Rodensteingipfels (markierter Fahrweg von Schlaifhausen aus)

🅷 DB-Linie 821 Forchheim – Ebermannstadt, Hst. Wiesenthau oder Kirchehrenbach

🍴 Kirchehrenbach, Schlaifhausen, Wiesenthau, Dietzhof

♒ Kirchehrenbach (Hallenbad, Freibad), Ebermannstadt, Forchheim

Unsere Wanderung geht vom Bahnhof in Kirchehrenbach an der Bahnlinie Forchheim-Ebermannstadt in den Ort. In dessen Mitte biegt von der Hauptstraße nach rechts die Straße „Zum Ehrenbürg" ab, ein Wegweiser zeigt außerdem „Walberla" an. Wer mit dem Auto unterwegs ist, kann noch etwa 500 m hoch bis zum Parkplatz bei einer Gastwirtschaft fahren. Vom Parkplatz geht es auf zwei verschiedenen steilen Wegen nochmals einen knap-

Felsen verteilen sich am Abhang des „Walberla"

pen Kilometer bergauf bis zur Hochebene, die man bei der Kapelle, die in der
Mulde eines Sattels liegt, erreicht. An den
beiden Gipfeln stehen Felsen, von denen
man ins Tal und in die Ferne blicken kann.
Auf der ausgedehnten abschüssigen Tro-
ckenrasenfläche zwischen den Gipfeln
kann man herumtollen. In der Nähe der
Felshänge und im Naturschutzgebiet
sollten die Kinder jedoch auf den Wegen
bleiben. Im Herbst bietet der windreiche
Berg gute Gelegenheit, Drachen steigen
zu lassen.

Ein Weg führt vom Walberla hinüber zum
höheren zweiten Gipfel, dem Rodenstein,
an dessen Felsen die Kletterer zu Hause
sind, die man bei der Ausübung ihres
Sports beobachten kann. Von der Mulde
zwischen den beiden Hauptgipfeln geht
unser Weg am unterhalb liegenden Parkplatz vorbei ins Dorf Schlaifhausen mit

mehreren Einkehrmöglichkeiten. Von
dort können wir das Dorf abwärts durch-
queren und gelangen dann auf der
Nebenstraße in das Dorf Wiesenthau, das
ein schönes Schloss beherbergt. Unterhalb von Wiesenthau im Tal der Wiesent
liegt der Bahnhof, von dem aus wir wieder
nach Kirchehrenbach oder gleich zurück
nach Forchheim fahren können.

Tipp

*In einer aufgelassenen Tongrube
(Liasgrube) am südlichen Ortsausgang von Unterstürmig bei
Buttenheim gibt eine **Umweltstation** Einblick in die ländliche
Natur- und Kulturlandschaft. Es
gibt Führungen, Kurse in den
Ferien, einen Lehrpfad mit
interessanten Stationen. **Info:
Umweltstation Eggolsheim-Unterstürmig, Tel. 095 45 / 95 03 99.***

32

In der westlichen Fränkischen Schweiz in der Region Egloffstein ist etwa einen Kilometer unterhalb des Schlosses Hundshaupten, dessen wertvolle Innenreinrichtungen ebenfalls besichtigt werden können, das Wildgehege Hundshaupten gelegen.

Es ist in eine idyllische Landschaft zwischen Berghängen eingebettet, ein Bach fließt durch das Gelände, ein Teich ist angelegt. Neben den Tiergehegen finden sich für die Kinder ein Streichelzoo mit Zwergziegen und Kaninchen, Spielplätze und auch eine Gaststätte. Im Tiergehege überwiegen Tiere aus dem Europäischen Raum, neben den Einheimischen wie Füchse und Pfauen, Wildschweinen und Uhus, auch Gemsen und Steinböcke, Elche, Wisente und Mufflons. Ziegen

laufen im Gelände frei herum und setzen sich schon mal in die Sonne auf eine Besucherbank. Steinmarder schlafen im Schatten, zutrauliche Rehe dürfen mit gekauftem Futter gefüttert werden.

Der Rundgang am Hang entlang ist zugleich ein schöner Spaziergang für die ganze Familie, bei dem auch einige Steigungen zu bewältigen sind.

➤ Toureninfos:

i Wildpark Egloffstein-Hundshaupten, Zaunsbacher Str. 62, 91349 Egloffstein, Tel. 0 91 97 / 241 Fax 0 91 97 / 6 25 95 27

🕐 täglich 9-18 h

€ Eintritt: Erwachsene: 3,50 €, Kinder (5-17 J.): 1,50 €

P Am Gelände

H VGN-Linie 235 ab Ebermannstadt Am Wochenende Anrufsammeltaxis unter 09191-86161 oder 86165

🍴 In Hundshaupten, mehrere Gaststätten im Trubachtal, z.B. die Brauereigaststätte von Unterzaunbach

≈ Freibad in Egloffstein, Hallenbad und Freibad in Ebermannstadt

Um welches Tier es sich wohl handelt?

15 Wiesenttal-Wohlmannsgesees: Druidenhain

In einem auf der Jurahochfläche über dem Wiesenttal zwischen den Orten Wohlmannsgesees und Kandorf nahe der Straße gelegenen Waldstück Esbach findet sich eine seltsame Gruppierung von mächtigen, oben meist abgeflachten Felssteinen, die auf einer Fläche von 200 x 250 Metern wie ein Labyrinth angeordnet sind. Wie immer bei solchen Naturdenkmälern tragen die Steine im Volksmund verschiedene Namen wie „Schüsselstein", „Taufstein", „Pultstein", „Altar", „Kanzel", „Labyrinth", „Eingang zur Unterwelt".

> ### Toureninfos:

i Touristinformation Muggendorf
in 91346 Wiesenttal,
Tel. 09 196 / 194 33,
info@wiesenttal.de

🕐 unbeschränkter Zugang

P Anfahrt über Ebermannstadt und Kandorf oder über Muggendorf und Wohlmansgesees. Parkplatz an der gegenüberliegenden Straßenseite.

〰 Ebermannstadt, Muggendorf

❖ Burgruine Neideck (Tour 16)

Felsbrocken sind zu Irrgärten angeordnet

Diese seltsamen und zugleich beeindruckenden Formationen gaben zu mancherlei Spekulationen Anlass, etwa der, dass hier eine wissenschaftlich nicht nachgewiesene alte keltische Kultstätte gewesen sei, weshalb man den Wald später „Druidenhain" genannt hat. Doch abgesehen von solchen Spekulationen eignen sich die Steinformationen, die nicht allzu hoch aufliegen, sehr gut zum Klettern auch für Kinder, vor allem aber auch zum Versteckspielen.

Wer mit Kindern eine Wanderung unternehmen möchte, kann von Muggendorf ca. 6 km oder von Ebermannstadt ca. 8 km auf ausgeschilderten Wegen hierher gehen.

16 Streitberg: Binghöhle

Die Binghöhle ist eine Tropfsteingaleriehöhle mit seltenen geologischen Formationen. Auf den Spuren eines ausgetrockneten Höhlenflusses durchwandert der Besucher den Berg in einer Länge von 300 m, vorbei an phantastischen Tropfsteingebilden in unmittelbarer Nähe. Mächte Bänke aus geschichtetem Kalk, neben grazilen, kristallin glitzernden Sinterformationen prägen das Bild dieses Ganges.

Entdeckt und erschlossen wurde die Höhle 1905 von dem Nürnberger Fabrikanten Ignaz Bing, der sie dann 1907 schon elektrisch beleuchten lies. Nach einer Generalsanierung 2005 präsentiert sich die Binghöhle zeitgemäß mit einer modernen Beleuchtung und wird zu einer Erlebniswelt unter der Erde. Gut geschulte Führer begleiten die informativen, völlig gefahrlosen Touren.

Für Kinder und Jugendliche werden spezielle Kinderführungen angeboten. Die Allerkleinsten von 3-6 Jahre sammeln bei einer Märchenführung mit der Höhlenfee Sinteria erste Erfahrungen in der Welt unter Tage, größere Entdecker von 7 bis 99 Jahre werden mit Stirnlampen ausgerüstet und lassen sich bei einer Abenteuerführung begeistern. Hier wird ein Teil der Höhle in Dunkelheit begangen. Geologisches Grundwissen kommt nicht zu kurz.

Toureninfos:

Tel. 09 196 / 340 oder
Touristinformation Muggendorf
in 91346 Wiesenttal,
Tel: 09 196 / 19 433,
Fax 0 91 96 / 92 99 30
www.binghoehle.de

Anf. April-Anf. Nov täglich 9-17 h

Erwachsene 3,50 €
Kinder ab 4 Jahren 1,50 €
Familienkarte 8,50 €
Kinderführungen 2,50 € (unter 3 Jahren frei)

direkt am Höhlenausgang 5 min. bergab zum Höhleneingang oder in Streitberg ca. 15 min. bergauf zum Höhleneingang

389 Ebermannstadt - Behringersmühle, Haltestelle Streitberg.

Freibad in Niederfellendorf auf der gegenüberliegenden Wiesentseite, Hallenbad in Ebermannstadt

Tipp

In Streitberg (Dorfplatz 2) lässt sich nachmittags auch ein privates Ammonitenmuseum besichtigen (Tel. 09 196/99 85 95).

Wanderung zur Ruine Streitberg und zur Burgruine Neideck

Die Burg Streitberg wurde vor 1120 von den Rittern von Streitberg erbaut, kam dann in den Besitz des mächtigen Geschlechts der Schlüsselberger, wurde nach deren Aussterben bambergisch und 1508 von den Markgrafen von Bayreuth-Kulmbach erworben. 1553 und im 30-jährigen Krieg wurde die Burg zerstört. 1803 kam sie an den bayerischen Staat, der sie 1812 zum Abbruch freigab.

Die Ruine Streitberg liegt fast verborgen hinter den großen Felsen oberhalb des Ortes Streitberg. Der Aufstieg erfolgt von dem Parkplatz bei den „Historischen Pilgerstuben" aus über die Burggasse.

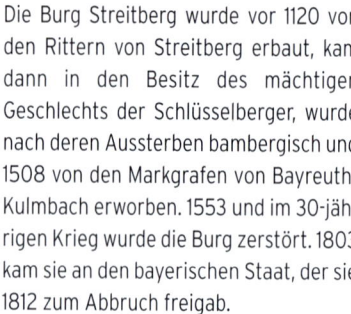

Der Bergfried der Ruine Neideck

➤ Toureninfos:

🛈 **Touristinformation Muggendorf**
in 91346 Wiesenttal,
Tel: 09 196 / 19 433
www.wiesenttal.de
info@wiesenttal.de

🅿 **In Streitberg bzw. am Schwimmbad in Niederfellendorf**

🅗 **Bus Ebermannstadt - Behringers-mühle, Haltestelle Streitberg**

🍴 **In Streitberg mehrere Häuser, in Niederfellendorf, Badgaststätte**

〰 **Freibad liegt am Weg zur Ruine Neideck, Hallenbad in Ebermannstadt**

Wir kommen an einem bewohnten Häuschen vorbei, wo wir nach rechts direkt abbiegen. Ein anfangs steiler Weg führt in etwa zehn Minuten zur Ruine. Von den benachbarten Felsen aus hat man eine herrliche Aussicht auf die gegenüberliegende Burgruine Neideck und ins Wiesenttal bis hin zum „Walberla" (siehe Tour 13) im Westen. Zurück geht man den gleichen Weg, bzw. über die Fahrstraße von Oberfellendorf nach Streitberg. Möglich ist es auch, den Rundwanderweg über die Binghöhle zu benutzen.

Die Burgruine Neideck, auf der anderen Seite der Wiesent gelegen, ist der Rest der einst größten Burg der Fränkischen Schweiz und auch eines ihrer Wahrzeichen. Der Dichter Ernst Moritz Arndt

nannte die Ruine „die schönsten Trümmer einer Burg". Sie war ebenfalls im Besitz der Schlüsselberger, deren letzter Erbe 1347 hier bei einer Belagerung den Tod durch ein Wurfgeschoss erlitt.

Es gibt zwei Vorburgen, einen 22 m breiten Graben, dann erst die Hauptburg mit dem Bergfried. Wir erreichen die Burg Neideck von Streitberg aus, in dem wir die Bundesstraße bei der Bushaltestelle kreuzen, von da über die Wiesentbrücke nach Niederfellendorf gehen. Dort wenden wir uns nach links, kommen am Schwimmbad vorbei und haben danach auf markiertem Weg etwa 15-20 Minuten aufzusteigen, bis wir an die Vorburg und an die aussichtsreichen Burgmauern gelangen. Das Zentrum der Burg mit dem Bergfried wird zur Zeit in jahrelanger Arbeit restauriert.

Tipp

Ein Modell der Burg Neideck, das veranschaulicht, wie sie ausgesehen haben könnte, finden wir im Fränkische Schweiz-Museum in Tüchersfeld.

Auch im Winter lohnt ein Aufstieg zur Ruine Neideck

Die Riesenburg ist eine sogenannte Versturzhöhle, ein mächtiges Felsengebilde mit mehreren höhlenartigen Eingängen, die sich fast von der Hochfläche des Jura bis ins Tal der Wiesent herabzieht. Das Felsengelände ist mit Treppen zugänglich

Gewaltige Felsgebilde:
Versturzhöhle Riesenburg

Toureninfos:

i Touristinformation Muggendorf in 91346 Wiesenttal, Tel. 09 196 / 19 433 info@wiesenttal.de

P In Wiesenttal-Engelhardsberg oder an der Straße von Behringersmühle nach Waischenfeld

In Doos, Schottersmühle und Engelhardsberg

Muggendorf

gemacht und abgesichert und ermöglicht ständig neue bizarre Ein- und Ausblicke. Man kann die Riesenburg mit einer kleinen Wanderung vom Bergdorf Engelhardsberg aus erreichen, in dem man im Dorf kurz vor dem Erreichen der Hanghöhe nach links abbiegt. Am Dorfausgang endet das Sträßchen und ein Schotterweg führt weiter hinunter zur Riesenburg.

Burg Rabenstein

Die Sophienhöhle liegt direkt unterhalb der malerischen Burg Rabenstein (siehe Tour 19). Man kann ihren Eingang von dort auf einem aussichtsreichen Spaziergang in etwa zehn Minuten erreichen.

Sie ist die älteste urkundlich erwähnte Höhle in der Frankenalb, denn schon 1490 wird von einem Versuch berichtet, im Vorraum der Höhle Salpeter zu gewinnen. Im Jahre 1833 wurden weitere Räume mit Tropfsteinen entdeckt, die eine einzigartige Formen- und Farbenvielfalt zeigen, wobei die Wände ein blendendes Weiß aufweisen. Der dritte Raum ist mit seinen Ausmaßen von 42 x 25 x 11 Metern der größte zugängliche Höhlenraum. In ihm lassen sich noch die Schichtfugen eines ehemaligen Schwammriffes beobachten. In der Höhle hat man auch Knochen und Skelettteile von Höhlenbären und Rentieren gefunden, die offenbar durch eine Luke im Höhlendach herabgestürzt sind. Das Skelett eines Höhlenbärs und die Geweihfragmente eines Rentieres sind zu bewundern.

Toureninfos:

i Burg Rabenstein
95491 Ahorntal
Tel. 0 92 02/97 05 90
www.sophienhoehle.de

⏱ April–Okt täglich 10.30–17.00 mit halbstündigen Führungen
Do–Sa 18.30–20,00 „Sophie at night" im Sommer

€ Eintritt: Erwachsene: 3,50 €, Kinder: 3,00
Sophie at night: Erwachsene 6,50 €, Kinder ab 6 J. 4,50 €

P Parkplatz bei Burg Rabenstein oder unterhalb der Höhle an der Straße von Behringersmühle nach Bayreuth

H Bus 8446 (VGN 232) Bayreuth - Waischenfeld - Oberailsfeld - Gößweinstein (Fußweg ca. 2 km)

▣ Burg Rabenstein, Neumühle

≈ Freibäder in Waischenfeld, Erlebnisbad Juramar in Pottenstein

Tipp

In den Sommermonaten kann man in der Höhle zuweilen die Ton-Licht-Schau Sophie at night bewundern.

Der Falkner bei seinen Vorführungen　　　　　　　　*Foto: Burg Rabenstein*

Unmittelbar bei der oberhalb der Sophienhöhle gelegenen, gut erhaltenen Burg Rabenstein (Besichtigung an Wochenenden möglich) hat man einen Greifvogelpark errichtet. In 22 Volieren werden heimische Vögel vom Waldkauz bis zum Steinadler gehalten. Jeweils nachmittags um 15 Uhr zeigen ausgebildete Falkner die Kunst der Falknerei mit Flugvorführungen von Falken, Bussarden und Adlern. Um das Gelände herum gibt es Spielgeräte und Möglichkeiten zum Herumtoben.

Vom Parkplatz aus ist es auch möglich zur Sophienhöhle (siehe Tour 19), abzusteigen.

➤ Toureninfos:

ℹ Burg Rabenstein, Rabenstein 33, 95491 Ahorntal. Tel 09 202 / 970580, www.burg-rabenstein.de www.falknerei-rabenstein.de

🕐 Greifvogelpark: April-Okt Di-So 11-17 h Flugvorführungen um 15 h Burgführung: Di-Fr: 11 h, 14 h, 16 h So, Fei 11-17 h halbstündlich

€ Erwachsene: 2,50 €, Kinder: 1,50 € (ohne Flugvorführungen) Erwachsene: 6,00 €, Kinder: 4,00 € mit Flugvorführungen Schulklassen 3,50 € pro Person

P bei der Burg (auch für Besucher der Sophienhöhle)

🚌 Bus 8446 (VGN 232) Bayreuth - Waischenfeld - Oberailsfeld - Gößweinstein (Fußweg ca. 2 km)

☕ Gutsschenke Burg Rabenstein, Kiosk im Vogelpark

〰 Freibäder in Waischenfeld, Gößweinstein, Streitberg, Ebermannstadt, Erlebnisbad Juramar in Pottenstein

21 Pottenstein-Tüchersfeld: Fränkische Schweiz-Museum

Im Oberdorf des bekannten Felsenortes Tüchersfeld im Zentrum der Fränkischen Schweiz hat man das Fränkische Schweiz-Museum eingerichtet.

Es liegt direkt unterhalb zweier hoher Felsen im sogenannten „Judenhof". Vom idyllischen Hof aus gelangt man in die einzelnen Gebäude des Museumskomplexes. Gezeigt wird in insgesamt 43 Räumen eine umfassende Sammlung zur Heimatkunde und Geologie der Fränkischen Schweiz. In der geologischen Abteilung findet man vor allem Versteinerungen aus der Fränkischen Schweiz, etwa riesige Ammoniten und einen Nierenstein eines Höhlenbären. In einem zweiten Gebäude sind volkskundlich interessante Gegenstände untergebracht. Dazu gehören Volkstrachten und landwirtschaftliche Geräte ebenso

wie Zeugnisse der Volksfrömmigkeit. In der historischen Abteilung kann man einen Gang durch die Geschichte unternehmen.

Dies geht von eiszeitlichen Funden wie Tierknochen, einem Neandertalerschädel

> ### ➤ Toureninfos:

ℹ Fränkische Schweiz-Museum,
Am Museum 5
91278 Pottenstein-Tüchersfeld,
Tel. 09 242 / 16 40,
Fax 09 242 / 10 56,
info@fsmt.de, www.fsmt.de

🕐 1.4-max. 9.11: Di-So 10-17 h,
10.11-31.3: So 13.30-17 h

€ Erwachsene: 2,30 €,
Kinder und Jugendliche: 1,50 €

P Am Ortsausgang des
Oberdorfes

H (Bus VGN 389)
Pegnitz - Ebermannstadt

⛽ Tüchersfeld, Pottenstein,
Behringersmühle

≈ Erlebnisbad Juramar
und Felsenbad Pottenstein

Skelett eines Höhlenbären im
Fränkische Schweiz-Museum

Wie an den Felsen geklebt: Der Ort Tüchersfeld

über steinzeitliche Geräte, bronzezeit-lichen Schmuck bis hin zu mittelalter-lichen Rüstungen. Besonders interessant ist auch ein Modell der mittelalterlichen Burg Neideck, vor allem für diejenigen, die die Absicht haben, die Ruine Neideck zu besuchen. In der gut erhaltenen Syna-goge ist eine Ausstellung über das Land-judentum und jüdische Kultgeräte zu sehen.

Tipp

Ein zusätzlicher Anreiz für größere Kinder kann es sein, den Aussichtsfelsen „Fahnenstein" zu erklettern, was jedoch im letzten Teil des Weges Schwindelfreiheit und Trittsicherheit, jedoch keine Kletterkünste erfordert. Der offizielle markierte Wanderweg führt vom 200 m außerhalb des Oberdorfes gelegenen Parkplatz aus zum Fahnenstein.

Die an der Bundesstraße Richtung Pegnitz zwischen Pottenstein und der Teufelshöhle gelegene Sommerrodelbahn ist mit 1200 m Länge eine der längsten Europas. Sie wurde auf dem Hang gegenüber dem alten Felsenbad errichtet und zieht sich dort in vielfachen Windungen den Hang herab. Nach jeder Fahrt wird man im Schlitten in gerader Linie wieder bergauf gezogen, um erneut ins Tal zu sausen. Man kann Geschwindigkeiten bis zu 40 km/h erreichen und selbständig bremsen. Natürlich muss ein Sicherheitsabstand gewahrt bleiben, besonders, wenn langsamere Fahrer vor einem sind.

➤ Toureninfos:

ℹ️ Sommerrodelbahn
91278 Pottenstein
Tel. 09 243 / 92 200

🕐 Bei schönem Wetter täglich von April bis 15.11. 10 h-17 h

€ Erwachsene, 1 Fahrt: 2,00 €,
Sechserkarte: 9,00 €,
Kinder, 1 Fahrt: 1,50 €,
6er-Karte: 7,00 €,
Bungee-Trampolin: 3,50 €

Schön in die Kurve legen

Bungee-Trampolin, das neue Vergnügen

Außer der Rodelbahn gibt es nunmehr ein Bungee-Trampolin.

Neben der Rodelbahn befindet sich der kleine Schöngrundsee, auf dem man mit Tretbooten und Ruderbooten vor einer Bergkulisse fahren kann. Zur Teufelshöhle beträgt der Weg nur rund einen Kilometer und kann in einer kleinen Wanderung auf zwei verschiedenen Wegen zu Fuß zurückgelegt werden.

Auf der anderen Seite der Straße liegt das historische „Felsenbad Pottenstein", das nach längerer Schließungszeit nunmehr wieder eröffnet worden ist. Mit einem Biotop, einem naturbelassenen Badesee, Liegewiesen unterhalb der Felsenkulisse und Gebäuden im Jugendstil stellt es eine besondere Attraktion unter den Bädern der Region dar. Ein Cafe ist angeschlossen.

➤ Toureninfos:

i Felsenbad, Pegnitzer Straße 35
91278 Pottenstein
Tel. 09 243 / 70 05 92

🕐 täglich ab 9 h im Sommer

€ Erw.: 3,00 €,
Jugendliche: (15-17): 2,25 €,
Kinder ab 6: 1,50 €

P Am Gelände

H Felsenbad/Schöngrundsee
der Buslinie Pottenstein-Pegnitz

🎫 Im Felsenbad, an der Teufelshöhle, in Pottenstein, Schüttersmühle

i **Bootfahren am Schöngrundsee:**
Tretboote und Ruderboote
(bis 4 Personen), je 1/2 h 5,50 €

Tretbootfahren am Schöngrundsee

44

Die größte Schauhöhle der Fränkischen Schweiz ist die Teufelshöhle.

Bereits der Eingangsraum ist von gewaltigen Ausmaßen. Eine riesige schwarze Felsgrotte tut sich vor dem Besucher auf. Aus der Mitte dieses Höhleneingangs springt eine acht Meter hohe Höhlenterrasse hervor. Dahinter befindet sich dann der eigentliche Eingang. Man betritt die Höhle unter kundiger Führung, die etwa

Tropfsteine in der Teufelshöhle

> **Toureninfos:**

i Info Teufelshöhle 91278 Pottenstein, Tel. 09 243 / 7 08 41 oder 208
www.teufelshoehle.de

🕐 April -1.11: täglich 9-16.30 h,
2.11-23.12 und 7.1-Ostern:
Di u. Sa 10-15 h,
26.12-6.1: täglich 10-15 h

€ Erw.: 3,80 €, Kinder (bis 15): 2,00 €

P An der Höhle (gebührenpflichtig),
in 1 km Entfernung gebührenfreier
Parkplatz an der Sommerrodelbahn

H Haltestelle „Teufelshöhle" der
Buslinie Ebermannstadt - Pegnitz

Gaststätten befinden sich
direkt an der Höhle

Erlebnisbad Juramar,
Pottenstein; Felsenbad Pottenstein

45 Minuten dauert. Mit Treppen und Geländern hat man den Weg abgesichert, auf dem man an den zahlreichen Tropfsteingebilden vorbeigehen kann, die geschickt beleuchtet sind, was einen märchenhaften Eindruck hervorruft.

Viele Tropfsteingebilde und Höhlenräume tragen besondere Namen wie „Barbarossadom" oder „Bärengrotte". Besonders beeindruckend ist nicht nur für Kinder der größte Höhlenraum, der 45x18x15 m große „Barbarossadom", der von einer 52 m dicken Felsendecke bedeckt ist. Inmitten dieses Prachtraumes steht eine prächtige Tropfsteinpagode.

24 Plech: Fränkisches Wunderland

Der Freizeitpark nahe der A 9 Nürnberg - Berlin, Ausfahrt Plech, schön am Wald gelegen, bietet u. a. ein „Baby-Land" für junge Familien mit Kindern bis 5 Jahren, wo ständig ein Kasperltheater und Zaubervorstellungen zu sehen sind, ein Märchenland, einen Waldspielplatz und Wasserspiele. Eine 400 m lange Sommerrodelbahn ist in das Gelände integriert.

➤ Toureninfos:

Wunderland AG,
Zum Herrlesgrund 13, 91287 Plech,
Tel. 09 244 / 98 90, Fax 74 29,
E-Mail: info@wunderland.de

Ostern-Anfang Okt täglich 9-18 h,
Einlass endet 1 Stunde früher

Ab 1,40 m Größe: 12,00 €,
von 1,00 m -1,40 m Größe:
10,50 €, unter 1 m frei

Am Gelände

Von Pegnitz Richtung
Nürnberg

mehrere Gaststätten in
und am Gelände

Erlebnisbad Juramar
und Felsenbad in Pottenstein,
Hallenbad und Freibad in Pegnitz

Carlos, der Indianer aus dem Fränkischen Wunderland Plech

Viele Einrichtungen sind der Welt der Western nachempfunden und so eher für größere Kinder und Kind gebliebene Erwachsene geeignet: so eine Westerneisenbahn, eine Postkutsche und ein Whiskykarussell, wo man sich auf rotierenden Fässern bewegen kann. Ebenso

Westernkutsche aus dem Fränkischen Wunderland

gibt es die Möglichkeit, spielerisch Gold zu schürfen, wofür man ein Zertifikat erhält. An Extravorführungen werden eine Westernshow, „Aztekentänze" und eine Geistershow geboten.

25 Neuhaus-Krottensee: Maximiliansgrotte

Die im Gegensatz zu einigen Höhlen der Fränkischen Schweiz wenig überlaufene Maximiliansgrotte am östlichen Ende der Frankenalb liegt nahe der Straße von Neuhaus a. d. P. nach Königstein und ist eine der größten Grotten im Fränkischen Jura. Die 1833 entdeckte Höhle ist 1.200 m lang und bis zu 70 m tief.

Die Höhle enthält den größten Tropfstein einer deutschen Höhle, den „Eisberg". Auch manche andere Tropfsteingebilde haben ihre Namen bekommen, man findet den „Adler" und den „Elefanten".

Doch kann jeder selbst Neues in den Gebilden entdecken. Der Rundgang dauert etwa eine halbe Stunde.

➤ Toureninfos:

ℹ Gasthof /Pension Grottenhof, 91284 Neuhaus-Krottensee, Tel. 09 156 / 434, Fax 232, E-Mail: Info@grottenhof.de, info@maximiliansgrotte.de www.maximiliansgrotte.de

🕐 Öffnung Ostern-Ende Okt. Di-So: 10-17 h, stündliche Führung

€ Eintritt Für Erwachsene: 2,80 €, für Kinder. 1,90 €

P An der Höhle, Gaststätte

Ⓗ Bahnhof Neuhaus/Pegnitz der DB-Linie Nürnberg - Marktredwitz (im Bereich des Verkehrsverbundes Großraum Nürnberg), 3 km entfernt. Vom Bahnhof schöne Wanderung auf markiertem Wege durch den Karst

🍴 Gaststätte an der Höhle

Tipp

Vom nahen Ort Königstein aus kann man den Ossinger, die höchste Erhebung des Juras (651 m) besteigen und vom Aussichtsturm weit ins Land schauen.

48

Der Saturn trägt einen Ring

Abzweigung der Straße nach Kloster Banz, findet sich am Beginn des Planetenwegs als kaum sichtbares Kügelchen dargestellt, der Pluto als kleinster Planet, dem man mittlerweile seine Planeteneigenschaft ja aberkennen will. Am Ende der Tour bei Untersiemau steht die Sonne mit einem Umfang von 163 cm. Kunsthandwerklich schöne Tafeln erläutern Daten wie Temperatur, Umlaufzeit, Tagesdauer, Zusammensetzung usw. Begleitet wird der Planetenweg streckenweise durch einen Naturlehrpfad, wo die Tafeln uns den Nutzen der nahen Streuobstwiesen zeigen und auf einheimische Blumen, Vögel,

Idee dieses ersten astronomischen Lehrpfades in der Bundesrepublik, der 1988 eingeweiht wurde, ist es, auf einer überschaubaren und begehbaren Wegstrecke die astronomischen Entfernungen der Planeten von der Sonne und ihre Größenunterschiede maßstabsgetreu (im Maßstab 1:850.000) darzustellen, wobei der Erde der Umfang von 1 cm zugewiesen wird.

Wir fahren von Staffelstein über die Mainbrücke Richtung Banz. Am nördlichen Ortsausgang von Unnersdorf, bei der

Die Sonne am Ende der Strecke

26 Schmetterlinge, Insekten und Obstsorten hinweisen.

Der Weg führt von der Abzweigung zum Banzberg zuerst hinauf zum Schloß Banz, wo wir das Petrefaktenmuseum besuchen können .

Dann geht es nach links durch den Wald, hernach bergauf und bergab über Felder, wo wir mehrfach eine schöne Aussicht bis hin zur Veste Coburg haben. Bei einem Ringwall stoßen wir zunächst auf den Neptun, an einer Wegkreuzung auf das Modell des Uranus. Auf der letzten Anhöhe vor Untersiemau finden wir den Saturn mit seinem Ring. Dicht hintereinander folgen nun Erde, Venus und Merkur, bis wir am südlichen Ortsausgang den Jupiter erreichen. Nun queren wir noch das Dorf und kommen am nördlichen Ortsausgang von Untersiemau am Ende des Planetenwegs zur Sonne.

Pluto, der kleinste Planet

➤ **Toureninfos:**

ℹ **Stadt Bad Staffelstein,**
Marktplatz 1, 96231 Bad Staffelstein,
Postfach 1208, Tel. 09 573-41-0
Gemeindeverwaltung Untersiemau,
Bahnhofstraße 2, 96253 Untersiemau,
Tel. 09 565 / 881, Fax 67 88,
www.untersiemau.de

🕐 Die Länge des Wanderwegs beträgt rund 7 km oder 2 Gehstunden.
Die Strecke zwischen den Bahnhöfen Bad Staffelstein und Creidlitz beträgt etwa 12-13 km oder 4-5 Gehstunden

🅿 Am Beginn des Weges hinter Unnersdorf unterhalb des Gasthauses.
An der Galgenhöhe in der Nähe des Sportplatzes von Untersiemau

🅷 Der Anfangspunkt in Unnersdorf liegt rund 2 km vom Bahnhof Bad Staffelstein der häufiger frequentierten Linie Bamberg - Lichtenfels entfernt. Der Endpunkt Untersiemau ist mit dem Bus (Linie 8319 u. 8314) von den Bahnhöfen Lichtenfels und Coburg aus zu erreichen, wobei allerdings am Sonntag nur wenige Busse verkehren. Nächstgelegener Zugbahnhof ist das ca. 3 km entfernte Creidlitz

🍴 In Untersiemau, Kloster Banz, Unnersdorf, Bad Staffelstein

↔ Freizeitbad Aqua Riese in Bad Staffelstein mit anliegendem Badesee (siehe Tour 28)

Der Staffelberg bei Bad Staffelstein ist einer der Zeugenberge, der dem Juraland vorgelagert ist und anzeigt, dass einst das Juragebiet sich noch weiter erstreckt hat als heute. Er ist ein alter heiliger Berg, auf dem einst eine keltische Stadt und ein keltisches Heiligtum sich befand. (Funde aus frühgeschichtlicher Zeit sind im Bad Staffelsteiner Museum zu besichtigen). Ihnen folgte ein germanisches Heiligtum und früh eine christliche Kirche und Einsiedelei. Ein Einsiedler wurde von dem im letzten Jahrhundert recht volkstümlichen Dichter Viktor von Scheffel mehrmals besucht und kommt in einer Strophe von dessen Wanderlied „Wohlauf die Luft geht frisch und rein" vor, das von vielen Franken als „Frankenhymne" gesungen wird. Auf dem Staffelberg besteht die Möglichkeit zur Einkehr in einer kleinen Wirtschaft mit Bänken davor. Die weiträumige Hochfläche eignet sich bestens zum gefahrlosen Herumtollen. Am Rand der Hochfläche kann man von Felsvorsprüngen ins Tal gucken und den Drachenfliegern und Kletterern zusehen.

Zum Wanderweg wenden wir uns vom Bahnhof Bad Staffelstein zur Ortsmitte, folgen der Hauptstraße nach links über den Marktplatz fast bis zum Ortsende und zweigen dann nach rechts auf der Straße zum Staffelberg ab. Nach rund 200 Metern kommen wir zum Parkplatz beim Friedhof. Von hier aus geht der Wander-

Toureninfos:

Stadt Bad Staffelstein, Fremdenverkehrsamt, Tel. 09 573 / 41 92

45 Minuten vom Parkplatz in Bad Staffelstein, 70 Minuten vom Bahnhof Bad Staffelstein und 35 Minuten vom Parkplatz in Romansthal. Mit kleineren Kindern entsprechend mehr

Der Staffelberg ist frei zugänglich

Beim Friedhof, 100 m oberhalb des südlichen Ortsendes von Bad Staffelstein (Ausschilderung „Staffelberg"), Oberhalb der am Hang gelegenen Ortschaft Romansthal

Bahnhof Bad Staffelstein der Bahnlinie Bamberg - Lichtenfels

Auf dem Staffelberg (Di Ruhetag, im Winter nur am Wochenende geöffnet, Nov geschlossen), zahlreiche Gaststätten in Bad Staffelstein, Romansthal

AquaRiese in Bad Staffelstein mit Badesee (Tour 28)

Auf den Klippen des Staffelbergs weht die rot-weiße Frankenfahne

weg auf einer Brücke über die Schnellstraße hinweg und steigt dann in die Höhe. Beim Erreichen des Waldes müssen wir uns zwischen zwei Aufstiegsmöglichkeiten entscheiden, dem Hauptweg, der sich nach links erstreckt, und dem „Karlsweg", der rechts davon in einem Hohlweg im Wald aufsteigt. Letzterer besitzt am Ende einen Steilaufstieg über eine Wiesenfläche, dafür gelangen wir direkt bei den Felsen auf die Hochfläche.

Von dem Hauptweg, der meist am Waldrand entlang führt, haben wir immer wieder Ausblicke auf die Doppeltürme der berühmten Wallfahrtskirche Vierzehnheiligen, die man mit wandergeübten Kindern in etwa einer Stunde vom Staffelberg aus zu Fuß erreichen kann.

Jenseits der im Tal liegenden Stadt Bad Staffelstein sehen wir das ebenfalls berühmte Kloster Banz auf dem Berg liegen.

Ein weiterer Weg, der kürzeste, mit einer Steilstrecke führt vom Ort Romansthal auf den Staffelberg.

Am Ortsrand von Staffelstein, kurz vor der Mainbrücke Richtung Unnersdorf und Kloster Banz biegt eine Straße zum Freizeitbad AquaRiese ab, dessen Namen eine Kombination aus dem lateinischen Wort „aqua" für Wasser und dem in Staffelstein geborenen Rechenmeister Adam Riese darstellt.

Das Freizeitbad, das neben einem Campingplatz gelegen ist, bietet Sportbecken, Warmwasserbecken, Erlebnisbecken, Außenanlagen und einen Eltern-Kleinkind-Bereich. Zum Erlebnisbereich gehört u. a. eine 60m-Rutsche und ein Wasserfall.

Neben dem Bad lockt ein Badesee mit Liegewiese und Spielgeräten. Neben dem Parkplatz befindet sich noch ein Basketballfeld.

Toureninfos:

Freizeitbad AquaRiese,
Tel. 09 573 / 22 29 96
info@aquariese.de

Hallenbad:
Mo, Do: 14-21 h; Di, Mi, Fr: 14-20 h; Sa, So, Fei: 10-20 h, Schulferien: 10-20 h

Erwachsene: 2 Std. 3,50 €,
3 Std. 4,50 €, Tag 6,00 €; Kinder:
2 Std. 2,50 €, 3 Std. 3,00 €, Tag
4,00 € Ab 17 h ermäßigter Eintritt
Eintritt Badesee: Erw. 2,00 €,
Kinder 1,00 €

Ausreichende Parkplätze am Gelände

Bahnhof Staffelstein 2 km

Restaurant im Bad und
am Zeltplatz, in der Stadt

Tipp

In Bad Staffelstein befindet sich in den neuen Kuranlagen die Obermaintherme mit Warmwasserbecken und medizinischen Einrichtungen.

Toben im kühlen Nass

Michelau, an der B 173 Bamberg – Kronach, wenige Kilometer östlich von Lichtenfels, gelegen, gilt als die Wiege der Feinkorbflechterei, also dem Flechten von kleinen Körben aus gespaltenen Weiden. Diese Technik wird hier seit dem 18. Jahrhundert angewandt. Ab 1760 bereits ist hier die Weißkorbmacherei nachzuweisen. 1770 wurde eine Korbmacherzunft gegründet, der bald 110 Meister angehörten. Dann kam die Feinkorbflechterei dazu. 1906 waren von 2400 Einwohnern fast 900 Korbmacher. Im 19. Jahrhundert entwickelte sich um Michelau und Lichtenfels ein blühendes Korbmachergewerbe, dessen Produkte in ganz Europa verkauft wurden.

Den Grundstock des Museums, das seit 1959 in einer ehemaligen Korbmacherfabrik untergebracht ist, bildet eine Sammlung der Lichtenfelser Korbmacherfachschule, die 1990 erweitert wurde. Das Korbmachermuseum gilt als ein Spezialmuseum, das einzigartig in Deutschland ist. Auf einer Ausstellungsfläche von mehr als 1000 qm wird ein Überblick über Materialien, Werkzeuge,

Auch Kinderwagen wurden einst aus Korb hergestellt

Im Korbmuseum Michelau

➤ Toureninfos:

ℹ️ Deutsches Korbmuseum,
Bismarckstraße 4, 96247 Michelau,
Tel 0 95 71 / 8 35 48,
Fax 0 95 71 / 9 49 66 08,
info@korbmuseum.de
www.deutsches-korbmuseum.de

🕐 Apr-Okt: Di-So: 10-16.30 h,
Nov-März: Di-Do: 10-16.30 h,
Fr 10-12 h. Sa, So geschlossen

€ Eintritt Erwachsene 2,50 €,
Kinder 1,50 €

🅿️ Vor dem Museum

🅷 3 km v. Bhf. Lichtenfels (Regional-
express, D-Zug, einige IC-Züge).
Leider kaum öffentliche
Busverbindung zu den Öffnungszeiten

🍴 Mehrere Gaststätten in Michelau

♨️ Freizeitbad AquaRiese, Bad Staffelstein, Hallenbad Michelau, Freibad,
Hallenbad in Lichtenfels

Geräte, Maschinen und natürlich die Erzeugnisse der Korbmacherei geboten.
Dazu gehören neben Körben, vom kleinen „Rotkäppchenkorb" bis zum Ballon-
korb, auch Kinderwagen, Hüte und
Flechtmöbel, vom Designerstuhl über
den Rattansessel bis zum geflochtenen
Vertiko.

Gezeigt werden auch die Lebensverhält-
nisse der Korbmacher und ihrer Familien
sowie die Ausbildungsordnungen und
Erzeugnisse der Schulen. Eine Extraab-
teilung zeigt auch Flechtarbeiten der
nordamerikanischen Indianer, Arbeiten
aus Mexiko, japanische Tempelvasen und
chinesische Fischreusen.

Kulmbach:
Deutsches Zinnfigurenmuseum

Die Plassenburg über Kulmbach

Gezeigt werden in den Räumen der Hohenzollernfestung Plassenburg in vier Stockwerken insgesamt mehr als 300.000 Zinnfiguren, die in rund 150 Dioramen angeordnet sind, die sich mit der Welt- und Literaturgeschichte, vor allem jedoch mit der Militärgeschichte befassen. Darunter ist auch das größte Zinnfiguren-Diorama der Welt, in dem die Schlacht zu Kulmbach am „Conraditag", den 26. November 1553, mit 19.385 Einzelfiguren dargestellt ist. Der Besucher erlebt außerdem von Sauriern bewohnte Landschaften, afrikanische Steppen, den Alltag in der Steinzeit, nimmt teil an antiken Jagden, trifft auf Römer und Germanen, auf mittelalterliche Ritter und gewinnt Vorstellungen von den Schlachtordnungen der friderizianischen und napoleonischen Kriege. Dabei sind die Schlachten bei Roßbach, bei Leuthen und Pavia besonders informativ dargestellt.

In der ersten Etage wird die Herstellung der Zinnfiguren in den Offizinen gezeigt.

Im Sommerhalbjahr finden außerdem donnerstags von 14-17 Uhr Gießvorführungen statt. Zinnfiguren können dabei käuflich erworben werden.

In einem weiteren Gebäude der Plassenburg ist das neue „Landschaftsmuseum Obermain" als historisches Museum eingerichtet.

Ferner kann man die Prunkräume des Schlosses und eine Sammlung von Jagdwaffen und Schlachtengemälden besichtigen. Nicht unbedingt für Kinder gedacht ist der Besuch des Bayerischen Brauereimuseum in der Bierstadt Kulmbach.

► Toureninfos:

ℹ Deutsches Zinnfigurenmuseum Plassenburg, 95326 Kulmbach, Tel. 09 221 / 80 45 72

🕐 April-Okt: Mo-So: 9-18 h, Nov-März: Mo-So: 10-16 h

€ Erwachsene 4,00 €, Kinder 3,00

P Zentralparkplatz in der Stadt. Von hier Buspendelverkehr. („Plassenburg-Express") alle 30 min ab 9.00 h

🚉 Bahnhof Kulmbach der DB-Strecke Lichtenfels - Bayreuth/Hof, Fußweg durch die Innenstadt, von da an ausgeschildert

🍴 Auf der Burg (Vorburg), Gaststätten in der Stadt

≈ Frei- und Hallenbad Kulmbach, Badesee Trebgast

Das Museum ist im ehemaligen Bahnhofsbetriebswerk Neuenmarkt untergebracht. Dies ist nicht zufällig, war Neuenmarkt-Wirsberg doch schon seit dem 19. Jahrhundert ein Eisenbahnknotenpunkt und zugleich der Beginn der auf den Frankenwald führenden „Schiefen Ebene", der ersten Steilstrecke der deutschen Eisenbahngeschichte. Mit dem Ende der Ära der Dampfloks im Jahre 1977 begann man das Neuenmarkter Museum zu errichten.

Kernstück ist ein 15-ständiger Lokschuppen. Rund 30 Dampflokomotiven der bayerischen, preußischen, sächsischen Bahnen, der Deutschen Reichsbahn und Bundesbahn, auch von Feld- und Industriebahnen, können dort und am Freigelände besichtigt werden. Daneben gibt es eine Drehscheibe zu sehen, eine Rauchkammer, einen aufgeschnittenen Kessel, einen Schneepflug, Drehkräne und Signalanlagen. Eine Modelleisenbahnanlage zeigt das Modell der „Schiefen Ebene". Bei Mitfahrten auf dem Führerstand der Dampflokomotiven kann man dem Lokführer über die Schulter schauen. Außerdem gibt es Sonderfahrten auf die „Schiefe Ebene" oder zum Brauereimuseum nach Kulmbach.

➤ Toureninfos:

ℹ Deutsches Dampflokomotiven-Museum, Birkenstraße 5, 95339 Neuenmarkt/Ofr., Tel. 09 227 / 57 00, Fax 57 03, ddm@dampflokmuseum.de

🕐 Mai-Okt: Di-So, Fei: 10-17 h. Um 11 h, 14 h, 15 h Modelleisenbahn-Vorführung

€ Erwachsene: 5,00 €, Kinder bis 6 Jahre frei, von 6-16 Jahren 4,00 €, Familienkarte 12,00 € Kleinbahnfahrten und Rundfahrten extra

P Parkplatz 50 m vom Museum entfernt

Ⓗ Bahnhof Neuenmarkt-Wirsberg der DB-Strecke Lichtenfels - Bayreuth/Hof

🍴 Mehrere Gaststätten in Neuenmarkt, Hegnabrunn und Wirsberg

〰 Freibad in Wirsberg mit Riesenrutsche, Badesee in Trebgast

Am Museum beginnt auch der 8 km lange Wanderweg „Schiefe Ebene" nach Marktschorgast mit Erklärungen der Eisenbahnbauten wie Tunnels und Brücken.

Aus der altehrwürdigen „Erdgeschichtlichen Sammlung" ist 1998 in Bayreuth das moderne Urwelt-Museum Oberfranken entstanden. Die Besucher erhalten einen Einblick in die letzten 500 Millionen Jahre der Erdgeschichte. Das Museum enthält u.a. einen Drachenkeller, der den Volksaberglauben über Drachen illustriert, eine nachgebaute Bärenhöhle mit Skeletten und einem lebensnah dargestellten Höhlenbär, Fischsaurierskelette (u. a. eines Temnodontosaurus mit 15 m Länge), Muschelkalksaurier und in einem „Dinosauriergarten" Modelle von Dinosauriern. Auch Versteinerungen von Meerestieren aus dem nahen Jura sind zu sehen. Die Sammlung von Mineralien zeigt die Vielfalt der oberfränkischen Mineralienwelt. Die Kinder können echte Saurierzähne berühren und in einer Multivisionsschau Vulkanausbrüche oder Dchungellandschaften nacherleben. Ein Info-PC hilft, das

> **Toureninfos:**

ℹ Urwelt-Museum Oberfranken,
Kanzleistraße 1, 95444 Bayreuth,
Tel. 09 21 / 5 11 21-1, Fax 5 11 21-2,
verwaltung@urwelt-museum.de
www.urweltmuseum.de

🕐 Di-So: 10-17 h,
Juli und August: auch Mo

€ Erwachsene Hauptausstellung 2,00 €,
Sonderausstellungen 2,00 €
Kinder 0,80 €, Sonderausstellungen
1,00€

🅿 Parkhäuser Innenstadt

Ⓗ Hauptbahnhof Bayreuth,
ca. 1 km entfernt

〰 Freibäder, Hallenbäder in Bayreuth

Wissen zu vervollständigen. Sonderausstellungen runden das lehrreiche Programm ab.

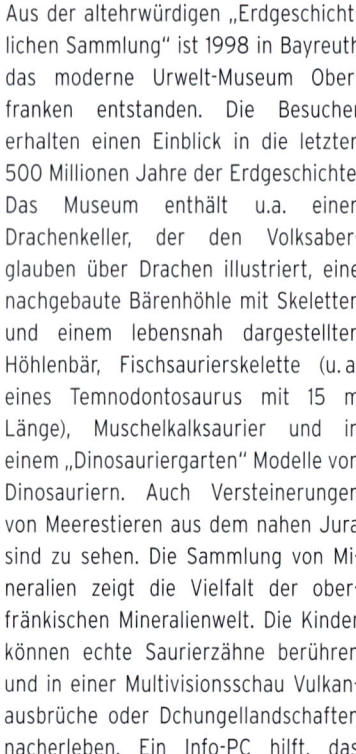

Ein Junges des Diplodocus, einer Saurierart

An der Pottensteiner Straße, der Ausfallstraße Richtung Pottenstein am südlichen Stadtrand, hat die Stadt Bayreuth in einem Park am kleinen Röhrensee einen kleinen Zoo angelegt.

In einem großen Gemeinschaftsgehege findet man Kängurus, Lamas, Strauße, in einem anderen Flamingos, daneben aber auch Eulenvögel und heimische Tiere.

Um welchen Vogel es sich wohl handelt?

Tipp

Am Röhrensee besteht die Möglichkeit, Boote zum Preis von 2,20 € für 1 Person bzw. 2,70 € für 2 Personen jeweils 30 Minuten zu leihen.

> **Toureninfos:**

i   Fremdenverkehrsverein Bayreuth
95444 Bayreuth,
Tel. 09 21 / 885 88

🕐   Durchgehend geöffnet
Bootsverleih: Di 15-18 h,
Mi-Sa: 14-18 h, So 10-18 h
Tel. 09 21 / 670 71

€   Eintritt frei

P   An der Pottensteiner Straße

🅳   Am Gelände

≈   Freibäder und Hallenbad
in Bayreuth

Am Röhrensee lässt sich auch toll spielen

Im Coburger Puppenmuseum

Das Museum ist in einem Gebäude aus dem 18. Jahrhundert untergebracht, in dem nach 1820 auch der bekannte Dichter und Orientalist Friedrich Rückert lebte, der seine letzten Lebensjahrzehnte im nahen Ort und heutigen Coburger Stadtteil Neuses verbrachte.

Im größten Puppenmuseum Deutschlands werden in 30 Räumen rund 1000 Puppen aus den klassischen Herkunftsgebieten gezeigt, wozu das coburgisch-thüringische Land um Neustadt und Sonneberg gehört. Sie stammen aus der Zeit zwischen 1800 und 1955, sind chronologisch angeordnet und zu Szenen aus der Wohn- und Arbeitswelt zusammengestellt.

Zunächst macht das Museum vertraut mit den Grundtypen der Puppenherstellung im 19. Jahrhundert: Holzkopfpuppen, die winters von Holzarbeitern geschnitzt wurden, den Wachspuppen, von Wachsziehern und Kerzenmachern hergestellt und die Sonneberger Puppen mit Pappmaché-Köpfen. Wir sehen „Lilli", die deutsche Vorläuferin der Barbie-Puppe,

und viele Charakterpuppen. Unter den 50 detailliert ausgestatteten Puppenstuben und -häusern finden sich auch Puppenküchen, -schulen, -läden, eine Puppenbäckerei und sogar ein Puppenladen. Dazu kommt noch eine Auswahl von Kasperlepuppen, Künstlerpuppen und Teepuppen.

> **Toureninfos:**

ℹ️ **Coburger Puppenmuseum**
Rückertstr. 2-3, 96450 Coburg
Tel. 09561/89-1480, Fax. 09561/89-1489
E-Mail: puppenmuseum@coburg.de
www.coburger-puppenmuseum.de

🕐 April - Oktober: täglich 10-16 Uhr
November - März: Di-So 11-16 Uhr,
Montag Ruhetag, für angemeldete
Gruppen sind Sonderöffnungszeiten
möglich

💶 Erwachsene: 2,50 €, Kinder 5-15 J.,
Schüler, Studenten: 1,50 €,
Ermäßigung in Gruppen jeweils 0,50 €
Führung: Erwachsene: 2,00 €;
Kinder: 1,00 € zzgl. zum Eintrittspreis
Museumspädagogische Programme:
ab 2,00 € zzgl. zum Eintrittspreis

🅿️ **Großparkplatz am Kongresshaus**
8 Minuten Fußweg

🚉 **Bahnhof Coburg der Linie 830**
Lichtenfels - Sonneberg, Stadtbusse
zum Theaterplatz bzw. Schloß
Ehrenburg

🍴 Gaststätten in der Innenstadt,
Bratwurstbuden am Marktplatz mit
den berühmten Coburger Bratwürsten

〰️ Hallenbad, Freibad in Coburg

Das Coburger Naturkundemuseum hat seinen Ursprung in der Sammelleidenschaft einiger Coburger Herzöge, die im 18. Jh. damit begannen, heimische Bodenfunde zusammenzutragen.

1884 gründeten die Brüder Herzog Ernst II und Prinz Albert, der Prinzgemahl der englischen Königin Victoria, das „Herzögliche Kunst- und Naturalienkabinett". 1913/14 ließ Herzog Carl Eduard den heutigen Museumsbau errichten, der am oberen Rande des Hofgartens nahe der Auffahrt zur Veste Coburg liegt. Er ist nunmehr durch einen modernen Anbau ergänzt, wie auch die Gestaltung des Museums in den letzten Jahren so manche Neuerung erfahren hat.

Die Ausstellungen sind nach den Themen Erde – Evolution – Erdgeschichte – Mensch gegliedert. So wird zunächst der Aufbau der Erde beschrieben, wobei man moderne didaktische Hilfsmittel wie interaktive Bereiche bereitgestellt hat, in denen man sich beispielsweise über Vulkane informieren kann. Im erdgeschichtlichen Bereich sind über 100 Minerale und Steine zu sehen, die Fossiliensammlung gibt Einblicke in die Geschichte des Le-bens. In der Abteilung „Evolution" hat man die Vielfältigkeit des Lebens und die ökologischen Beziehungen der einzelnen Tier- und Pflanzenformen zueinander dargestellt. Vögel, Insekten und Weichtiere bilden eigene Themenbereiche, in die der Grundstock

der ursprünglichen Sammlung einbezogen worden ist. In der Abteilung „Mensch" schließlich wird anhand von eindrucksvollen Exponaten der Weg der Evolution vom Halbaffen zum Homo Sapiens nachgezeichnet. Eine Abteilung über die Urgeschichte der Menschen und eine Völkerkundeausstellung runden den Gang ab.

Für Kindergruppen gibt es auf Anfrage ein reichhaltiges museumspädagogiches Programm.

➤ Toureninfos:

ℹ Naturkundemuseum Coburg,
Park 6, 96450 Coburg,
Tel. 09 561 / 80 81-20, Fax -40,
info@naturkunde-museum-coburg.de

🕐 täglich 9-17 h

€ Erwachsene 1,50 €, Kinder 1,00 €,
Familien 3,00 €

P Parkplatz am Hause.
Entfernung vom Bahnhof ca. 2 km
Stadtbusverbindung zur Innenstadt)

H Bahnhof Coburg der Linie 830
Lichtenfels - Sonneberg

Nicht nur die Puppenherstellung wird gezeigt, sondern auch wie Teddybären entstehen

Es ist kein Zufall, dass in Neustadt und im benachbarten thüringischen Sonneberg Spielzeugmuseen entstanden, war doch dort am südöstlichen Rand des Thüringer Waldes ein Zentrum der Spielzeugherstellung.

Der Thüringer Wald galt als das „größte Puppenheim" der Welt. Noch heute werden hier Puppen hergestellt. Die Herstellung der Puppen ist so auch ein Schwerpunkt des Museums. Es werden die Arbeitsvorgänge in bildlichen Darstellungen, die Rohmaterialien und Halbfertigprodukte, die einzelnen arbeitsteiligenFertigungsschritte gezeigt. Das Berufsbild der „Pupperlesmacher" ist in

den einzelnen Spezialisierungen zu sehen. So erfährt man etwa, dass ein Bossierer Puppenkörper aus Pappmaché herstellt. Dabei wird auch die Entwicklung von Holzpuppen bis hin zu Celluloidpuppen und neuen Kunststoffpuppen sichtbar gemacht. Sicher kann es auch für Kinder interessant sein, wenn sie erfahren, wie ihre Spielobjekte gefertigt werden, wenngleich manche Ausstellungsteile über die Puppenproduktion mehr die Erwachsenen anziehen dürften. Dazu kommt eine Trachtenpuppenabteilung, eine Sammlung, deren Grundstock

➤ Toureninfos:

ℹ️ Museum der deutschen Spielzeugindustrie. Museum für Kinder, Hindenburgplatz 1, 96465 Neustadt b. Coburg, Tel 09 568 / 56 00, Fax 89 490, www.spielzeugmuseum-neustadt.de spielzeugmuseum-neustadt@t-online.de

🕐 Di-So 10-17 h, Einlassende 16.15 h

€ Eintritt Erwachsene 3,00 €, Kinder 1,50 €

🅿️ Vor dem Haus, an der Straße

Ⓗ Bahnhof Neustadt b. Coburg der Linie 830 Lichtenfels - Sonneberg, 2 km entfernt

〰️ Neustadt b. Coburg: Märchenbad, Hallenbad, Froschausee

1930 gelegt wurde und Puppen in Trachten aus aller Welt zeigt.

Für Kinder hat man im Untergeschoss ein Kindermuseum errichtet. In drei Großvitrinen sind Märchen dargestellt, vier Vitrinen zeigen Szenen des Alltags, vorgeführt mit Puppen aus der heimischen Industrie. Im Mittelpunkt steht aber die Darstellung der weihnachtlichen Geschäftigkeit im Hause des Nikolaus. Hier werden die Weihnachtsgeschenke gefertigt, verpackt und verladen, das ganze erinnert an einen großen Betrieb. Im Weihnachtszimmer finden sich eine Bescherungsszene, wobei die Menschen durch Puppen dargestellt werden, die ihrerseits unter anderem Puppen geschenkt bekommen. Eine weitere Vitrine zeigt die Puppenherstellung, die Arbeiten der Glasbläser, Puppenkopfmacher, Puppenfriseure, Drechsler, Schnitzer und Weichgutgießer. Für die Kleinsten steht ein Spielzimmer bereit.

Im Freizeitpark „Villeneuve sur Lot" lässt sich prächtig spielen

Tipp

Freizeitpark „Villeneuve sur Lot"

Am Stadtrand von Neustadt, Richtung Ketschenbach, ist an einem ehemaligen Landesgartenschau-Gelände ein öffentlich zugänglicher Freizeitpark für Kinder, Jugendliche und Erwachsene entstanden, dessen Benutzung kostenfrei ist. Rund um einen idyllischen Wasserlauf finden sich für die Größeren ein Funpark für Skater, Ballspielplätze für Fußball, Streetball, Beach-Volleyball. Auf der gegenüberliegenden Seite des Teichs können Kleinere eine Kletterschlucht benutzen. Mehrere Rutschen verschiedener Größe, Klettergeräte, ein Wassermatsch-Bereich, ein Hexenhäuschen und vieles mehr warten auf die Besucher. Der Park wird dabei jährlich mit originellen Ideen erweitert. Auch wer etwas lernen möchte, kommt nicht zu kurz, so ist etwa ein Natur-Erfahrungsfeld angelegt. Im Winter ist bei genügender Schneehöhe auch Rodeln und Skilanglauf möglich.

100 m südlich der Bundesstraße 303 von Coburg nach Schweinfurt liegt das Gerätemuseum „Alte Schäferei", etwa 5 km von Coburg entfernt. Das Museum ist in der Scheune der ehemaligen Gutsschäferei untergebracht. Das Hauptgebäude stammt aus dem Jahre 1713.

Es gibt eine Dauerausstellung „Ackern und Ernten". Daneben werden im unteren Geschoss landwirtschaftliche Maschinen und Geräte gezeigt. Im oberen Stockwerk sieht man Geräte aus dem hauswirtschaftlichen Bereich. Auch eine alte Glaserwerkstatt ist zu besichtigen sowie eine Sammlung von Haustüren und Fensterläden. Wenngleich vor allem Erwachsene in dem Museum Erinnerungen an ihre Kinderzeit auffrischen können, werden sie diese gerne ihren Kinder vermitteln und

ihnen zeigen, mit welchen Geräten sie in ihrer Jugend zu tun hatten oder welche Arbeitsersparnis heutige Maschinen auf Kosten höheren Energieverbrauchs

> **Toureninfos:**

ℹ️ Gerätemuseum Ahorn,
Alte Schäferei 2, 96482 Ahorn,
Tel. 09 561 / 13 04, Fax 13 64
geraetemuseum-ahorn@t-online.de

🕐 April-Okt: Di-Sa, So+Fei 14-17 h,
Nov-2. Advent: So 14-17 h

💶 Erwachsene 2,00 €, Kinder 1,00 €

🅿️ Am Gelände

🚍 Stadtbusverbindung von Coburg nach Ahorn, 3 km Entfernung

☕ Café-Restaurant ist angeschlossen

🌊 Coburg (Freibad, Hallenbad)

schaffen. Angeschlossen ist im ehemaligen Wohnhaus des Schäfers eine Gastwirtschaft mit Gartenbetrieb.

An Pfingsten steht alljährlich ein Handwerkerfest, im September ein zweitägiges Museumsfest auf dem Plan.

Außerdem kann man im nahen Städtchen Seßlach einen vollständig erhaltenen Mauerring und ein Heimatmuseum besichtigen.

Im Museum geht es nicht nur um die Schäferei

38 Tambach: Wildpark Schloß Tambach, Bayer. Jagdfalkenhof, Jagd- und Fischereimuseum

Wildpark

Der Wildpark im 50 ha großen Park von Schloß Tambach, 12 km westlich von Coburg an der B 303, enthält Gehege u.a. für Ponys, Wildrinder, Steinböcke, Damwild, Rotwild, Füchse, Elche, Mufflons, Wildschweine, Wildkatzen, Sikawild, Ziegen und Schafe, Iltisse, Weißstörche, Wildvögel, Uhus, Eulen, Falken, Geier, Kondor, Milane, Steinadler und Seeadler sowie einen Fischteich. Insgesamt rund 200 Tiere aus 20 verschiedenen heimischen Wildarten sind vorhanden.

Die weitläufigen Wanderwege zwischen einem sehenswerten Baum- und Strauchbestand sind auch für Kinderwagen geeignet. Es können am Gelände auch Kindergeburtstage gefeiert werden.

Jagdfalkenhof

Fachkundige Falkner führen im Bayerischen Jagdfalkenhof zweimal täglich (11 h u. 15 h) die Arbeit mit Adler, Falken und Geiern, ein altes Jagdgewerbe, vor, was für große und kleine Kinder ein außergewöhnliches Erlebnis darstellt.

Museum

Im Westflügel des Barockschlosses ist das Jagd- und Fischereimuseum untergebracht. Mehr als 600 Objekte zeigen die historische Entwicklung der Jagd und der Fischerei von der Steinzeit bis heute. Dazu gehören historische Jagdwaffen und Zinnfigurendioramen. Es werden Ökoräume im Wald dargestellt, eine

Sonderausstellung beschäftigt sich mit „Wildtier und Umwelt". Dazu gibt es eine Fledermausbeobachtungsstation, in der auch eine Live-Fernsehübertragung von der Fledermauskolonie im Dachgeschoss des Schlosses zu sehen ist.

➤ Toureninfos:

i Wildpark Schloß Tambach, Schlossallee 3, 96479 Tambach, Tel: 09 567 / 92 2915-0, Fax: 09 567 / 92 29 29

🕐 ganzjährig: täglich 8-18 Uhr. Falken-Flugvorführungen: März bis Okt: täglich 11 h, 15 h, Mai bis Ende Aug: auch So, 17 h

€ Wildpark+Jagdfalkenhof+Museum: Erwachsene 6,80 €, Kinder 2,80 €, Familien 16,40 €

i Jagd- und Fischereimuseum, Schlossallee 1 a, 96479 Tambach, Tel. 09 567 / 18 61, Fax 09 567 / 18 63, www.museum-tambach.de

🕐 März-Okt: täglich 10.00-17.30 h, Nov-Feb: So, Fei: 10-17 h

P Parkplätze am Gelände

🚌 Buslinie 8301 Coburg - Seßlach - Altenstein

🍴 Restaurants im Gelände und neben dem Gelände

〰 Coburg (Freibad, Hallenbad)

Die Burgruine Lichtenstein, 130 m über dem Tal gelegen, entstand bald nach 1200 und wurde 1232 erstmals erwähnt. Im 14. Jahrhundert wurde sie als Ganerbenburg in mehrere Teile geteilt und später mehrfach erweitert. Ab dem 16. Jh. verfiel die Burg zu einer Ruine. Seit ihrer Restaurierung 1998 ist die Ruine der Nordburg gegen Eintritt zugänglich.

Um die zwischen Felsen eingebettete Burg herum befindet sich ein Rundweg mit zahlreichen Felsen, die Gelegenheit zum, wenngleich nicht ganz gefahrlosen, Klettern geben, denn im Wald ist der Stein rutschig. Eine Reihe von herausragenden Felsen

Eine Teufelsmaske unbekannter Herkunft in einem Felsen

tragen Namen, so der hufeisenförmige „Teufelsstein" mit den Resten einer Burg, einem sogenannten Burgstall. Auf der Gipfelfläche des Felsens ist ein Mühlebrett eingeritzt, von dem die Sage ging, dass hier ein Ritter den Teufel im Spiel besiegt haben soll. An einer Felsenwand nahe der Nordburg ist ein Wächtergesicht mit Spitzhelm eingeritzt. Diese Zeichnungen haben Anlass zu Spekulationen über eine frühere kul-tische Nutzung gegeben, wofür jedoch glaubhafte Belege fehlen. Die Burg Lichtenstein, die heutige „Südburg", entstand mehr als ein Jahrhundert später. Auch sie war eine Ganerbenburg, d. h. im Besitz mehrerer Geschlechter. Immer wieder kam es zu Erweiterungen. Seit Mitte des 19. Jh. ist sie im Besitz der Freiherren von Rotenhan und ist bewohnt und somit nicht zugänglich. Der Burggasthof bietet Gelegenheit zur Einkehr und Übernachtung. Burg und Burgruine Lichtenstein liegen am „Burgenkundlichen Lehrpfad Haßberge", zu dem auch die nahen Burgen Altenstein, Rotenhan, Raueneck und Bramberg gehören. Nähere Beschreibungen finden sich in einem Sonderprospekt „Burgenkundlicher Lehrpfad Haßberge", der beim Fremdenverkehrsamt Haßberge erhältlich ist.

> **Toureninfos:**

ℹ️ Fremdenverkehrsamt Haßberge, Obere Senningstraße 4, 97461 Hofheim i. Ufr., Tel. 09 523 / 92 29-0, Fax -267

🕐 Ende April-Ende Okt, Sa, So 11-18 h, Sonderführungen möglich

€ Felsengarten frei
Burg: Eintritt 1,50 €, Kinder 1,00 €

🅿️ am Nordrand von Lichtenstein

🚍 Buslinie 8221 Ebern - Maroldsweisach, Haltestelle Pfarrweisach, Abzweigung Burgpreppach, v. hier zu Fuß 3 km, Bahnlinie Bamberg - Ebern (v. dort 7 km)

🍴 Gaststätte in Lichtenstein (Südburg)

♨️ Freibad, Hallenbad in Ebern

Der Sambachshof liegt im Naturpark Haßberge, 6 km südlich von Bad Königshofen inmitten eines umfangreichen Waldgebiets. Ringsum kann man sich in einer Wiesen- und Waldlandschaft mit einzelnen Teichen ergehen, deren Idylle nur durch den Parkplatz gestört wird. Im Märchenpark „Sambachshof" finden die Kinder sprechende und bewegliche Figuren aus den Märchen der Brüder Grimm. Außerdem gibt es eine Western City mit Saloon und Goldwäscherei, einen Kinderspielplatz und Autoscooter, Kinderriesenrad, Gelegenheit zur Bootsfahrt in einem kleinen Teich mit dem Tretboot, zum Rutschen, Baggerspielen, zum Ponyreiten und dem Fahren mit einer Oldtimer-Eisenbahn.

Erfrischen kann man sich in einem geräumigen Café oder in geringer Entfernung vom Gelände in einem Hotel mit Gartenwirtschaft. Erwähnt werden sollte auch, dass Kinder keinen ermäßigten Eintritt in den Märchenpark genießen, es sei denn, sie haben gerade Geburtstag.

➤ Toureninfos:

ℹ Märchenwald Sambachshof,
97631 Bad Königshofen,
Tel. 09 761 / 26 14,
info@maerchenwald-sambachshof.de

🕐 Ab Osterferien bis Ende
Oktober: täglich 9-18 h

€ 6,00 € für alle ab 3 Jahren,
Fahrgeräte inbegriffen

P am Märchenpark / Restaurant

Ⓗ 6 km vom Busbahnhof
Bad Königshofen

🍴 Gaststätte direkt am Märchenpark,
eine weitere 100 m entfernt

≈ Hallenbad, Freibad Bad Königshofen,
Ellertshäuser See

Tipp

*Nur wenige Kilometer sind es zum **Ellertshäuser See.***
Der etwa 33 ha große Stausee, der größte in Unterfranken, mit einer Breite von bis zu 370 m, einer Tiefe von 14,5 m und einer Uferlänge von 4 km, hat sich längst als Naherholungsgebiet bewährt, auch wenn man darauf verzichtet hat, großartige Freizeit- und Vergnügungsanlagen zu bauen. Es gibt eine Badeanlage und einen Bootsverleih, der am Wochenende geöffnet hat. Um den See führt ein etwa einstündiger Spaziergang. Das Restaurant mit schattiger Terrasse an der Straße nach Fuchsstadt hat täglich geöffnet.

In der „Schranne", dem ehemaligen Getreidespeicher von 1693, hat man 1988 das Vorgeschichtsmuseum als Zweigstelle der bayerischen prähistorischen Sammlungen eingerichtet.

Auf drei Stockwerken kann man Ausstellungstücke aus der Frühgeschichte der Grabfeldregion von der Steinzeit bis zum frühen Mittelalter ansehen. Doch es werden nicht nur Fundstücke gezeigt, sondern die Museumsmacher haben auch versucht, mit Modellen und Abbildungen den Zusammenhang der Funde zu veranschaulichen. So findet man eine hölzerne Bohrmaschine, mit der mittels Drehbewegungen eines Holunderstockes auf Quarzsand Löcher in die Steine gebohrt wurden, was auch die Kinder bei Führungen selbst ausprobieren können. Solche Führungen werden vom Museumspädagogischen Zentrum für Gruppen von 5-50 Menschen angeboten.

Gezeigt werden auch Bestattungssitten, etwa ein Hockgrab mit Skelett oder ein lebensechtes Modell der Bestattung eines Kriegers in einem Wagen. Aus der Bronzezeit werden vor allem Schmuck und Grabbeigaben vorgestellt. Auch der Latènezeit mit vielen keltischen Funden in Unterfranken ist eine Abteilung gewidmet, die in Verbindung zum Steinsburgmuseum im nahen Römhild steht, wo interessierte Kinder weiter „forschen" können. Dokumentiert werden im Grabfeldmuseum auch die römische Kaiserzeit, das Ein-

dringen der ersten Germanen (interessant das Pferdegrab aus der Zeit der thüringischen Besiedelung mit zwei echten Pferdeskeletten), dann das Vordringen der Franken in den Grabfeldraum und Funde aus dem frühen Mittelalter.

> ➤ **Toureninfos:**

ℹ Archäologisches Museum,
Martin-Reinhard-Str. 9,
97631 Bad Königshofen
Tel. 0 97 61/4 09 34 oder: 0177/6767661
Fax 0 97 61/4 09 50
E-Mail: info@schranne.de
www.dieschranne.de
www.vorgeschichtsmuseum.de

🕐 Nov-März: Di, Do: 10-12 h u.
14.00 h-16.00 h, Sa, So: 14-17 h,
10-12 h, Do 17-19 h, So: 14-16 h; April-
Oktober zusätzlich Mi u. Fr.:14-16 h

€ Erwachsene: 2,00 €, Kinder: 1,00 €

P Kurzparkplätze im Stadtzentrum
Großparkplätze am Stadtrand

🚍 Buslinie von Bad Neustadt und Coburg
(8303, 8304), von Schweinfurt (8170)

〰 Bad Königshofen
(Hallen-, Freibad), Ellertshäuser See

Am Stadtwald nahe der nach Bad Königshofen führenden Straße hat das Städtische Forstamt einen Waldspielplatz und einen Tierpark eingerichtet. Kinder können an selbstgebauten Holzgeräten turnen, herkömmliche Spielgeräte benutzen, Tischtennis, Minigolf und Bodenschach spielen, sich in einem Planschbecken mit Wassersprühanlage erfrischen oder in einem Indianerfort bewegen und Skateboard fahren. Ein schöner ebener Waldweg führt an mehreren Tiergehegen vorbei. Dort findet man Elche, Damwild, Rotwild, Wildschweine, Ziegen, Mufflons, Esel, Wildkatzen, Greifvögel, Eulen und Uhus. Das neue Freizeitbad Silvana ist nur wenige hundert Meter entfernt.

➤ Toureninfos:

ℹ Städtisches Forstamt, Tel. 09 721 / 51 503, 51 504

🕐€ Das Gelände ist jederzeit frei zugänglich

P Am Gelände neben der Straße nach Bad Königshofen

H Stadtbusverbindung, Linie Hochfeld, Haltestelle Wildpark

Tipp

Freizeitbad Silvana:
Unterhalb der ausgedehnten Liegewiesen mit Blick auf die Stadt erwarten den Badegast Becken für wettkampfgerechte sportliche Aktivitäten, zum Freizeitschwimmen, für Nichtschwimmer und ein warmes Planschbecken. Besonders attraktiv ist eine 85-m-Tunnelrutsche. Die Badegäste haben Zugang zum Hallenbad mit seinen Wellness-, Fitness-, Schwimm- und Freizeitbereichen. Vom Hallenbad führt ein Weg durch eine Schleuse in den Außenbereich, der auch im Winter genutzt werden kann.

Hirsche und Elche sind die Prachtstücke des Wildparks

Im Wildpark inmitten alter Wälder, 3 km oberhalb Bad Kissingens, leben in einem Freigehege von rund 30 ha zahlreiche Vertreter der Wild- und Vogelarten Frankens. Vor allem ist Rotwild und Damwild zu beobachten, aber auch Frettchen, Wildschweine, Marder, Füchse, Wildkatzen und Waschbären trifft man an.

Die Tiere des Streichelgeheges können auch von den Kindern mit gekauftem, auf die Bedürfnisse der Tiere abgestimmtem

Toureninfos:

Wildpark Klaushof, Alte Brückenauer Straße, D-97688 Bad Kissingen, Tel. 09 71 / 8073133, amaunz@stadt-badkissingen.de; www.badkissingen.de Kleinbahngesellschaft Bad Kissingen, Tel. 09 71 / 58 19

April-Okt täglich von 9-18 h, Nov-März 9-17 h

Erwachsene 2,00 €, Kinder 1,00 €

Parkplatz vorhanden

„Kurbähnle" von Bad Kissingen, Kurzentrum: im Sommer: stündlich ab 12.00 Uhr, sonntags ab 11.00 Uhr, April-Oktober: stündlich 10-17 h Rückfahrt jeweils zur halben Stunde

Forsthaus Klaushof mit Terrasse und Biergarten

Freibad, Hallenbad Bad Kissingen

Zutrauliche Tiere

Futter gefüttert werden. Im Streichelzoo leben vor allem Meerschweinchen, Zwerghasen, Ziegen, Schafe und Esel. Ein Erlebnis für Jung und Alt ist auch die Fahrt mit dem elektrischen Bähnchen von Bad Kissingen zum Klaushof.

Auf der anderen Straßenseite lädt ein Restaurant mit Terrasse und Biergartenbetrieb zum Verweilen ein.

Schloss Aschach hoch über dem Saaletal

Das Schulmuseum Schloß Aschach ist Teil eines Museumskomplexes, zu dem auch das im Schloss selbst untergebrachte Graf-Luxburg-Museum und ein in der Zehntscheune sich befindliches Volkskundemuseum gehört. Das Schulmuseum wurde - im Unterschied zu den meisten Schulmuseen - nicht in einem alten Schulhaus, sondern im ehemaligen Förster- bzw. Gärtnerhaus eingerichtet. In den sieben Räumen des Erdgeschosses finden sich ein historischer Schulsaal aus der Kaiserzeit, ansonsten eine Sammlung von ausgewählten Lehrmitteln für den Schreib-, Lese- und Heimatkundeunterricht. Ein Überblick über die Ausbildung der Lehrer und schulgeschichtliche Dokumente ergänzen die Ausstellung. Die Eintrittskarten berechtigen zum Eintritt in alle drei Museen, wobei auch im Volkskundemuseum mit den Abteilungen „Das bäuerliche Jahr" und „Bäuerliche Wohnkultur" interessante Objekte für

Kinder zu sehen sind. Außerhalb des Geländes steht noch ein altes Backhaus. Im Luxburgmuseum sind herrschaftliche Einrichtungen zu bewundern.
Dem Schloss ist ein Restaurant angegliedert.

> ## ➤ Toureninfos:

ℹ Schulmuseum Bad Bocklet-Aschach im Schloß Aschach,
Schloßstr. 24, 97708 Bad Bocklet,
Tel. 09 708 / 358 u. - 61 42,
Fax 09 708 / 61 04

🕐 April-Sept: Di-So 14-18 h, Okt: 14-17 h

€ Erwachsene 3,00 €, Kinder 1,50€ (mit Graf-Luxburg-Museum), Kinder unter 6 Jahren haben freien Eintritt

P Parkplatz unterhalb des Schlosses

🚏 Linienbus von Bad Kissingen und Bad Bocklet. ÖVF-Buslinie 8142 Bad Kissingen-Burkardroth, Privatbuslinien nach Bad Bocklet-Aschach. Postkutschenfahrt möglich. Auskunft beim Postamt unter Tel. 0971 / 938159

🍴 Im Museumskomplex Schloß Aschach, in Aschach

≈ Freibad, Hallenbad Bad Kissingen, Bad Bocklet

45 Gössenheim: Ruine Homburg

Die oberhalb von Gössenheim und Karsbach gelegene Homburg ist eine der größten Burganlagen Frankens. Sie wurde im 11. Jahrhundert erbaut, besteht aus der Hauptburg und einer Vorburg. Die Fläche zwischen den Burgen, der begehbare Burggraben wie auch die weite versteppte Muschelkalkfläche um die Burg mit kleinen Schluchten, Wäldchen und Kalksteinabbrüchen eignen sich zum Herumtollen und Spielen. Zur Blütezeit seltener Pflanzen wie der Küchenschellen im März / April sollte man allerdings auf den Wegen bleiben. Eine gemütliche Wirtschaft „Beim Schoppenfranz" mit Terrasse und Blick auf Weinhänge lädt zur Einkehr ein.

> ### Toureninfos:

i Gemeinde Gössenheim,
Telefon 09358/356

⏱ Frei zugänglich

P Parken am Burggelände,
100 m Fußweg zur Burg

H Buslinie 8060 Gemünden - Karlstadt:
Halt in Gössenheim, Buslinie 8154
Gemünden - Hammelburg,
Halt in Gössenheim oder Karsbach;
DB-Station Wernfeld der Linie
Gemünden - Würzburg,
7 km entfernt

Die Homburg über Gössenheim und Karsbach

46 Lohr: Schulmuseum

In einer ehemaligen Dorfschule im Lohrer Ortsteil Sendelbach ist von Lehrer Eduard Stenger und Mitarbeitern auf 300 qm Ausstellungsfläche in drei Stockwerken ein Schulmuseum aufgebaut worden.

Zwei vollständig eingerichtete Klassenzimmer sind zu sehen, eines aus der Kaiserzeit, eines aus der Zeit des Nationalsozialismus.

Bei der Konzeption dieses Schulmuseums hat man in besonderem Maße darauf Wert gelegt, zu zeigen, wie die Schule die Gesellschaft widerspiegelt. So werden den schulischen Ausstellungsstücken auch solche aus dem Elternhaus und den Jugendgruppen der jeweiligen Zeit gegenübergestellt. Auch die unterschied-

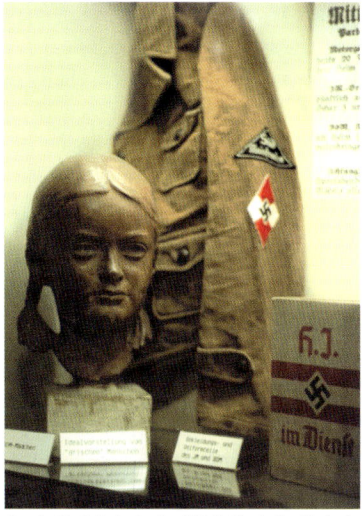

Auch die Schule in der NS-Zeit wird erläutert

lichen Rollenanforderungen an Mädchen und Jungen kann etwa an dem hier ausgestellten Spielzeug abgelesen werden. Eine Lehrerwohnung und die dazugehörigen Utensilien und Haushaltsbücher zeigen die heute kaum vorstellbare Armut eines Dorfschulmeisters. Anhand von vielen Klassenfotos aus alten Schulen können Kinder den Wandel der Kleidung und Körperhaltung erkennen.

▶ Toureninfos:

i Städtisches Schulmuseum, Sendelbacher Str. 21, 97816 Lohr am Main, Tel. 09 352 / 49 60 und 09359 / 317; www.lohr.de/kultur

🕐 Mi-So 14-16 h

€ Erwachsene 1,50 €, Schüler 1,00 €

P Im Ort Lohr-Sendelbach

🚌 Bus 8067 Karlstadt - Lohr, Halt in Sendelbach. Bf. Lohr (3 km)

🍴 Essen Gaststätten in der Nähe

〜 Freibad, Hallenbad in Lohr

Tipp

Für Gruppen findet eine Vorführung eines historischen Unterrichts statt.

Das Spessartmuseum ist in dem in der Lohrer Stadtmitte liegenden Schloss der Grafen von Rieneck und Kurfürsten von Mainz untergebracht.

Hauptaugenmerk wird in dem Museum am Rande des Spessarts, des größten Laubwaldgebietes der Bundesrepublik, auf das Verhältnis von Mensch und Wald gelegt. Nicht nur das Forstwesen und Holztransporte werden dargestellt, sondern vor allem die Holzbearbeitung, etwa durch Schreiner-, Wagner-, Drechsler-, Zimmerer- und Schiffbauerwerkstätten. Dazu kommt die Ausstellung der Gegenstände der Holzbearbeitung in ausgewählt schönen Stücken, von Alltagsgegenständen bis hin zum Holzspielzeug. Dabei wird gleichzeitig auch die Lebensweise der Menschen im Spessart, einem Armenhaus des Landes, aufgezeigt.

Neben der Holzbearbeitung ist es vor allem auch die Glasverarbeitung, die im Spessart anzutreffen war. Dabei ist ein Spiegelkabinett ein besonderer Höhepunkt. Ein Kuriosum ist hierbei zu erwähnen: der scherzhafte Versuch, Schneewittchens Herkunft nach Lohr zu datieren, mit denen ein findiger Lohrer vor einigen Jahren die Zeitungsleute in seine Stadt gelockt hat. Auch die Verwendung der Rohstoffe Eisen und Ton, vor allem am Beispiel der Töpferwaren sowie der Beruf des Häfners (im nahen Ort Hafenlohr) werden im Keller des recht anschaulichen Museums dargestellt.

Toureninfos:

Spessartmuseum Lohr,
Schloßplatz 1, 97816 Lohr am Main,
Tel. 09 352 / 20 61. Fax: 09352/1409,
spessartmuseum@lramsp.de,
gedruckter Museumsführer erhältlich

Di-Sa 10-16 h, So 10-17 h

Erwachsene 2,50 €, Kinder: 1,50 €,
Gruppenermäßigung

Großparkplätze unterhalb der
Altstadt in Mainnähe

Bahnlinie Aschaffenburg - Gemünden

Freibad, Hallenbad in Lohr

Tipp

In Gemünden bietet sich das Unterfränkische Verkehrsmuseum für einen Besuch an. Es gibt z. B. Exponate aus der Eisenbahngeschichte, der Schifffahrt und eine Sammlung alter Motorräder. Im Museumshof sind alte Lokomotiven, Mainschiffe und Schiffsschrauben zu sehen. Info: Unterfränk. Verkehrsmuseum, Huttenschloß, Frankfurter Str. 2, 97737 Gemünden, Tel. 09 351 / 80 01 50

Seit langer Zeit besteht die Möglichkeit vom Schiffsanlieger beim Alten Kranen in Würzburg nach Veitshöchheim oder in umgekehrter Richtung vom Veitshöchheimer Anleger nach Würzburg zu fahren.

Schiffe stehen stets bereit

➤ Toureninfos:

ℹ Schiffstourismus Kurth und Schiebe.
Tel 09 31 / 58573,
info@schiffstouristik.de
www.schiffstouristik.de und
Veitshöchheimer Personenschifffahrt,
Obere Maingasse 8,
97209 Veitshöchheim,
Tel. 09131/55633, www.vpsherbert.de

€ Fahrplan und Preise erfragen

P In Veitshöchheim am Main:
Großparkplatz

Ⓗ Bahnhof Veitshöchheim der Linie
Würzburg-Gemünden

🍴 Zahlreiche Gaststätten in
Veitshöchheim, Essen am Schiff

∾ Geisbergbad Veitshöchheim

Von diesem ist es nicht weit zum einstigen Sommerschloss der Würzburger Bischöfe mit seinem prächtigen Rokokogarten. Besonders das von akkurat geschnittenen Hecken begrenzte Labyrinth wird den Kinder Spaß machen, kann man hier doch sogar Versteck spielen. Eine Reihe der teils lustigen Rokokofiguren wie die Wildschweine mit „Hüten" können zum Lachen anregen. Freude macht die Schifffahrt, bei der auch Verpflegung geboten wird, etwa, wenn man unter der ICE-Brücke mit ihrer riesigen Spannweite hindurchfährt.

Wildschwein mit Hut? Eine der lustigen Figuren im Schlosspark Veitshöchheim

Direkt vor den Weinbergen liegt im Tal der Spielplatz

Abhang hinuntergleiten. Es besteht die Möglichkeit zu vielerlei kleinen Spielabenteuern unter Aufsicht, wobei die Kinder nicht unbedingt ihre beste Kleidung anziehen sollten.
Ein Spaziergang im wildbewachsenen Grund oder zur Burg kann sich anschließen.

Tipp

Es können auf dem Gelände auch Kreativkurse belegt werden.

▶ Toureninfos:

ℹ Kinder- und Jugendfarm,
Leistenstraße Würzburg,
Tel: 09 31 / 76 399
sendke@kinder-und-jugendfarm.de

🕐 ab April: Di-Fr 14-18 h, Sa 10-15 h,
Ferien: Mo-Fr 10-16 h

€ 1,50 € pro Familie

P Nur wenige Parkplätze vor dem Gelände

Ⓗ Stadtbus 17, Richtung Höchberg,
Haltestelle Winterleitenweg

〰 Erlebnisbad „Nautiland",
Freibad am Dallenberg

Im „Kühlbachgrund", an der Leistenstraße unterhalb der Festung Marienberg befindet sich die „Kinder- und Jugendfarm", als Einrichtung eines Trägervereins. Zwischen Büschen, einem Bach und einem Teich gibt es Hütten zum Werkeln und genügend Bauholz zum Errichten neuer Hütten. Die Kinder können Gänse, Ziegen, Ponys, Kälber, Kühe, Hühner, Hasen und Tauben sehen, die Tiere putzen, füttern und streicheln sowie ein Pony reiten. Auf Brettern kann man einen

Altes Forsthaus Guttenberg

An der kleinen Straße, die von Kist nach Reichenberg führt, liegt im Wald in herrlicher Lage des Forsthaus Guttenberg. Am Forsthaus Guttenberg selbst bzw. dem sich anschließenden Biergarten befinden sich eine Minigolfanlage, eine kleine Bootanlage und vielerlei Spielgeräte. In ein paar hundert Meter Entfernung findet sich im Wald ein Fühlpfad mit Holzspielgeräten. Um dorthin zu kommen geht man die Straße etwa 100 m bergauf und biegt dann, den Wandermarkierungen folgend, in den Wald ein, wo man hintereinander auf die Einrichtungen trifft. Ebenso gibt es im Wald einen Walderlebnispfad.

Für geübte wanderfreudige Kinder laden markierte Wege ab Würzburg-Steinbachtal, Endhaltestelle der Linie 8 zu einer zweistündigen Wanderung zum Forsthaus ein.

Man folge dem roten und schwarzen Dreieck, gehe einen der Wege bergauf bis kurz vor die Autobahn und biege dann nach rechts ab, gehe parallel der Autobahn, bis ein Weg unter diese hindurch führt. Folgt man weiter der schwarzen Markierung, gelangt man an dem Waldfühlpfad vorbei zum Forsthaus.

➤ Toureninfos:

🕐 Di-Sa: 11- 22 h, So: 11-21 h

🅿 An der Straße von Reichenberg nach Kist

🚌 Bus 31 ab. Heidingsfeld-Reuterstraße – Richtung Reichberg/ Forsthaus Guttenberg

🍴 Im Restaurant oder Biergarten

Abenteuerspielplatz mitten im Wald

51 Sommerhausen: Wildpark

Oberhalb der Weinberge des berühmten Weinstädtchens Sommerhausen liegt in einem Waldstück der kleine Tierpark. Dort leben vor allem einheimische Tiere. Neben Dam- und Rotwild sind es u.a. Wildschweine, Mufflons, Schafe, Esel, Pferde, Hängebauchschweine, Kaninchen, Frettchen, Füchse, Pfauen und andere Hühnervögel. Ein ausgedehnter Spielplatz mit Schaukeln, Rutschen, Seilbahnen, mit durch Brücken verbundenen Baumhütten, Drehscheiben und mancherlei Spielgeräten, die auf herkömmlichen Spielplätzen nicht zu sehen sind, bietet den Kindern weitere Unterhaltung. Außerhalb befinden sich ein Sportplatz und Beachvolleyballplatz. An einem Kiosk kann man Getränke und Verpflegung erstehen.

Seit einiger Zeit ist eine Umweltstation angeschlossen, die informative und unterhaltsame Projekte anbietet.

Viele ungewöhnliche Spielgeräte hat man gebaut

➤ Toureninfos:

ℹ️ Wildpark Sommerhausen, Umweltstation, An der Tränk, 97286 Sommerhausen, Telefon 09 333 / 90 28 10 oder 1076, Fax 09 333 / 90 27 98, E-Mail: umweltsstation-sommerhausen@t-online.de

🕐 März-Nov: täglich 10-18 h, Okt-März: 10-17 h

€ Kinder 1,50 €, Erwachsene 3,00 €

🅿️ Am Gelände. Zufahrt von Straße Sommerhausen – Erlach oder vom südlichen Ortsende bergauf

🚌 Buslinie 8066 ab Würzburg oder Ochsenfurt, 15 Minuten Fußweg durch die Weinberge bergauf (Vernou-sur-Brenne-Steige)

🍴 Essen Kiosk am Gelände, Restaurant 200 m entfernt

〰️ Würzburg, Freizeitbad „Nautiland", Freibad am Dallenberg, Freibad Ochsenfurt

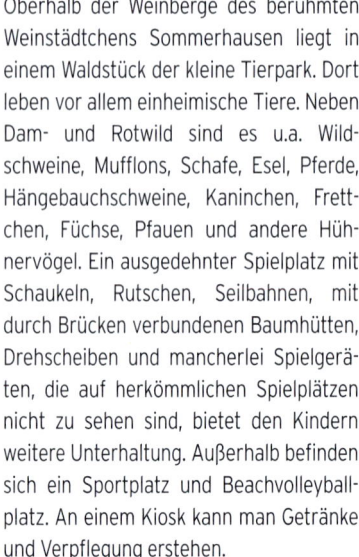

Die schön am Waldrand des Steigerwaldes gelegene Anlage gliedert sich im wesentlichen in zwei Teile. Im Waldbereich finden sich Tiere und Pflanzen, im zur Straße gelegenen Teil die Fahr- und Schaugeschäfte.

Vom Eingang kommt man zunächst zu den Volieren für Papageien, Eulen, Greifvögel, geht vorbei an Störchen, einem Vogel-Safariland mit vielen Hühnervögeln, u. a. Pfauen, die, wenn man

König Ludwig ziert eine Wasserrutsche

➤ Toureninfos:

ℹ Freizeit-Land Geiselwind, Wiesentheider Straße 25, 96160 Geiselwind, Tel. 09 556 / 92 11 92, info@freizeit-land.de

🕐 April-Mitte Okt: 9-18 h in der Hauptsaison; 9-17 h in der Vorsaison Einlass bis zwei Stunden vorher

€ Bis 1,10 m Größe frei; 1,10 m-1,40 m 18,50 €, ab 1,40 m: 21,50 €, freitags ermäßigt, Zweitageskarten 27,00 €, Saisonkarten 57,00 € Geburtstagskinder frei

P Am Gelände

🚏 Bus 8111 Kitzingen - Geiselwind hält direkt am Freizeitpark

🍴 Mehrere Gaststätten im Gelände

≈ Bäder in Ebrach, Scheinfeld

Glück hat, auch einmal ein Rad schlagen. Im Wald kann man dann Vogelstimmen vom Band mit dazu passenden Erklärungen hören oder durch ein Waldbiotop mit heimischen Pflanzen spazieren. In diesem Bereich findet sich auch ein Streichelzoo und ein Kinderzoo. Etwas größere Kinder können in der „Ponderosa" auf Ponys das Reiten probieren. Dreimal täglich (um 11 h, 14 h, 17 h) verfolgen viele Besucher gespannt die atemberaubenden Vorführungen der „Acapulcospringer". Wer Fahrgeschäfte liebt, der kann mit einer Sesselseilbahn fahren oder in ein Bähnchen steigen, das im Drachenland zwischen Saurier-Nachbildungen dahinfährt, auf Achterbahnen dahinsausen und auf einer Wasserrutsche rutschen. Um 13 h und 16 h gibt es Zirkusvorstellungen. Natürlich werden auch in verschiedenen Imbissstationen Verpflegung und Getränke gereicht.

Am Ortsausgang des Steigerwalddorfes Vestenbergsgreuth Richtung Dutendorf, neben dem traditionsreichen Fußball-stadion, in dem die Kicker aus dem Kräuterteedorf einst die Münchner Bayern aus dem Pokal warfen, ist in den letzten Jahren ein Freizeitzentrum mit einer Sommerrodelbahn, einer Snowtubingbahn und einer Minigolfanlage entstanden. Ein Biergarten ist angeschlossen, von dem aus die Eltern ihre Kinder auf der Bahn beobachten können.

▶ Toureninfos:

Greuther Freizeitanlage GmbH,
Dutendorfer Straße 24,
91487 Vestenbergsgreuth
Tel. 09 163 / 99 71 09
www.vestenbergsgreuth.de/freizeit

🕐 Mai-September:
Mo-Fr ab 17 h, Sa, So ab 11 h

€ Rodelbahn:
Einzelfahrt: Kinder 0,80 €,
Erwachsene 1,10 €, Erw+Kind: 1,30 €
10er-Karten: Kinder 6,00 €,
Erwachsene 9,00 €, Erw. + Kinder
11,00 €; Minigolf: Kinder 1,30 €,
Erwachsene 1,50 €

🅿 Am Stadion daneben

Am Gelände

Eine rasante Fahrt auf der Rodelbahn

Tipp

In Zirndorf, an der Playmobil-Produktionsstätte, wurde ein Freizeitpark im Playmobil-Stil errichtet. Es gibt einen Klettergarten mit Lichterlabyrinth, Dschungel- und Piratenwelt, eine Goldmine sowie einen Sand- und Matsch-Spielplatz. Info: Playmobil Funpark, Brandstätterstr. 2-10, 90513 Zirndorf, Tel. 09 11 / 96 660

54 Bad Windsheim: Fränkisches Freilandmuseum

Das Freilandmuseum des Regierungsbezirkes Mittelfranken ist eines der ältesten und größten in Bayern. Man hat Bauernhäuser aus den verschiedenen mittelfränkischen Landstrichen auf das Gelände „verpflanzt".

Ein angenehmer, leicht hügeliger Weg, der auch mit Kinderwagen befahren werden kann, führt von einem Gebäudeensemble zum nächsten. Die Gebäude sind begehbar, und in ihrem Inneren ist meist die originale Einrichtung zu bestaunen. Viele Stadtkinder wird es verwundern, wie niedrig die Räume und wie kurz die Betten vielfach gewesen sind. Manche Gerätschaft ist heute unbekannt, aber vielleicht können zumindest die Großeltern noch von ihrer Nutzung erzählen.

Seit einigen Jahren befindet sich auch das Vorgeschichtsmuseum Bad Windsheim am Gelände, in dem man einen Blick auf eiszeitliche Versteinerungen und steinzeitliche, bronzezeitliche und eisenzeitliche Bodenfunde werfen kann. Auch Funde aus der römischen Kaiserzeit und dem Mittelalter sind ausgestellt.

Ganze Gehöfte wurden in das Freilandmuseum transportiert

Tipp

An einigen Sonntagen im Sommer werden Handwerker in den entsprechenden Häusern ihre fast vergessenen Künste vorführen, dann wird auch frisches Brot gebacken und verkauft.

> ## Toureninfos:

i Info Fränkisches Freilandmuseum Bad Windsheim, Eisweiherweg 1, 91438 Bad Windsheim, Tel. 09 841 / 66 80 40 (Kasse), Fax 66 80-99, www.freilandmuseum.de, info@freilandmuseum.de

🕐 März-Mitte Oktober: Di-So 9-18 h, Juni-Sept auch Mo (Einlass bis 17 h); 2. Oktoberhälfte: 10-17 h (Einlass bis 16 h); Nov-Mitte Dezember: 10-16 h

€ Erwachsene: 5,00 € , Kinder: 4,00 €, Familien: 13,00 €

P Am Freilandmuseum

H Bahnhof Bad Windsheim der DB-Linie 806 Neustadt/Aisch-Steinach b. Rothenburg o. d. T.

🍴 Gaststätte am und im Museum

〰 Freibad, Hallenbad in Bad Windsheim

55 | Rothenburg o. d. Tauber: Museumstag

Auch für Kinder mag sich ein Stadt-spaziergang in dem weltbekannten mittelalterlichen Kleinod Rothenburg o. d. T. lohnen, wo immer was „los" ist. Einen ausgedehnten Rundgang auf der Empore der Stadtmauer kann man sonst auch nicht alle Tage machen. Sehenswert sind für Kinder aber auch einige Museen.

Berühmte Stadtansicht

Puppen & Spielzeugmuseum

In einem 1478 errichteten Haus zeigt Katharina Engel seit 1984 ihre Puppen- und Spielzeugsammlung. Auf rund 400 qm Ausstellungsfläche sind etwa 1000 Puppen, ca. 150 Puppenstuben, Kaufläden, Puppenhäuser deutscher und französischer Produktion aus den letzten 200 Jahren sowie Zinnspielzeug, Bauernhöfe, Eisenbahnanlagen usw. zu sehen.

➤ Toureninfos:

ℹ️ Kultur- und Fremdenverkehrsamt, Marktplatz 91541 Rothenburg o .d. T., Tel. 09 861 / 404-92, Fax 86 807

ℹ️ Puppen & Spielzeugmuseum, Hofbronnengasse 11-13, 91541 Rothenburg o d. T., Tel. 09 861 / 73 30, Fax 8 67 48 info@spielzeugmuseum.rothenburg.de

🕐 März-Dez: 9.30 h -18 h.; Jan-Feb: 11-17 h

€ Eintritt Erw.: 4,00 €, Schüler bis 18 J: 2,50 €, Kinder bis 12: 1,50 €

ℹ️ Mittelalterliches Kriminalmuseum, Burggasse 3-5, 91541 Rothenburg o. d. T., Tel 09 861 / 53 59, Fax 82 58 www.kriminalmuseum.rothenburg.de

🕐 April-Okt: täglich 9.30-18 h, Nov, Jan, Feb: 14-16 h, Dez, März 10-16 h

€ Erwachsene: 3,80 €, Schüler: 2,20 €

ℹ️ Historiengewölbe, Rathaus-Lichthof, 91541 Rothenburg o. d. Tauber, Tel 09 861 / 86751

🕐 15. März-30. April 10-16 h, Mai bis Okt: 9.30 h-17.30 h, während des Weihnachtsmarktes: Mo-Fr 13 h -16 h., Sa, So 10-16 h, Jan, Feb geschlossen

€ Eintritt Erwachsene: 2,00 €, Kinder: 1,50 €

🅿️ Ausgeschilderte Parkplätze rund um die Innenstadt

Ⓗ Bahnhof Rothenburg o. d. T. der DB-Strecke 921 Steinach bei Rothenburg - Rothenburg

〰️ Ozon-Hallenbad und beheiztes Waldfreibad in Rothenburg

Die Ausstellungsstücke stehen recht dicht und oft wenig geordnet nebeneinander. Auf eine Kommentierung und auf Herkunftsbezeichnungen hat man in den meisten Fällen verzichtet, so dass der Eindruck eines „Sammelsuriums" von schönen Einzelstücken bleibt.

Als Besonderheit finden sich große Puppenküchen und eine „Schäfertanz-szene" vor den Kulissen Rothenburgs. In der Weihnachtszeit gibt es jedes Jahr eine Krippenausstellung.

Mittelalterliches Kriminalmuseum

Das Kriminalmuseum befindet sich in der ehemaligen Komturei des Johanniter-ordens. Die Sammlungen geben einen verständlichen Einblick in das Rechtsgeschehen, in Gesetze und Strafvollzug der letzten 1000 Jahre im deutschsprachigen Raum. Besonderes Interesse der Kinder finden in der Regel die Folterinstrumente für Ehrenstrafen, darunter Schandmasken für Frauen, die tratschten, ein Rosenkranz zum Umhängen für schlafende Kirchgänger, eine Trinkertonne für notorische Wirtshaushocker, eine Doppelhalsgeige für zänkische Frauen, ein Tauchgestell für Bäcker, die zu kleines Brot backten, eine Schandflöte für falsch spielende Musikanten, eine „Eiserne Jungfrau", Keuschheits-gürtel und ein Pranger. Dazu kommen Scharfrichtermasken und Folterinstrumente wie Streckbalken, Daumenschrauben, Mundeisen sowie Hinrichtungsinstrumente. Man sieht also beim Besuch des Kriminalmuseums, dass auch schon in vergangenen Zeiten Menschen all ihre technische Phantasie auf die Entwicklung grausamer Geräte gewandt haben.

Allerlei Foltergeräte sind zu besichtigen

Historiengewölbe mit Folterkammer und Verliese im Rathaus

Im Erdgeschoss des gotischen Rathauses von Rothenburg werden mit lebensgroßen Figuren Szenen aus dem Leben in der Reichsstadt während des 30-jährigen Krieges nachgestellt und durch Bildmaterial ergänzt. So finden sich Wachstuben, Alchemistenstuben, eine Sitzung der Stände, die Kanzlei, dazu Gegenstände zum reichsstädtischen Kirchenwesen. Der 30-jährige Krieg spielte in der Rothenburger Geschichte eine große Rolle, sollte die evangelische Stadt doch von den katholischen kaiserlichen Truppen eingenommen und geplündert werden.

So sieht man nachgestellte Landsknechtsszenen und Kroatenlager, im Staatsverlies im Keller kann man einen Blick in die Folterkammer mit Foltergeräten werfen.

56 Dinkelsbühl: Museum Dritte Dimension
(Gutschein siehe Seite 101)

In der alten Reichsstadt Dinkelsbühl an der Romantischen Strasse findet sich als Kontrast zur mittelalterlichen Stadt das weltweit einzige Museum, das die Verfahren und Techniken zur optischen Konstruktion von Raumtiefe zeigt.

Im Museum 3. Dimension in einer historischen Stadtmühle am Nördlinger Tor finden sich Ausstellungen zu Erzeugnissen der Illusion von räumlicher Tiefe

› Toureninfos:

i Museum 3. Dimension, Stadtmühle am Nördlinger Tor, 91550 Dinkelsbühl, Tel. 09 851 / 63 36, Fax 28 82, E-Mail: email@3d-museum.de, www.3d-museum.de

🕐 April-Sept: täglich 10-18 h, Oktober: täglich 11-16 h, Nov-März: Sa, So 11-16 h, Weihnachtsferien: täglich 11-16 h

€ Erwachsene: 9,00 €, Kinder: 5,00 €, Jugendliche (ab 13): 7,00 €, Familien: 25,00 €

P Parkplatz Stadtmühle 100 m entfernt

〰 Hallenbad, Freibad in Dinkelsbühl, Badeweiher in der Umgebung.

Mit besonderen Brillen lassen sich 3-D-Bilder betrachten

von der Stereoskopie bis zur Holografie und den modernen Geräten zur Erzeugung von 3-D-Phänomenen.

Man findet die ausgeklügeltsten Geräte zur Produktion von optischen Täuschungen: Eine Spirale erzeugt scheinbar Runzeln auf der Haut, eine drehbare Tafel führt dazu, dass man schwarze Linien farbig sieht, oder gerade Linien sich wie ein Wackelpudding auf und ab bewegen.

Mit besonderen 3D-Brillen lassen sich flache Bilder in Raumbilder verwandeln Man sieht 3D-Stereokameras und Stereobilder, kann sich mit einer 20000 Volt-Plasmascheibe elektrisieren, sieht allerlei Vexierbilder und stereoskopische Gemälde bekannter Künstler.

In der Holografie-Abteilung erschreckt einen ein dreidimensionaler Vampir mit veränderbarem Antlitz. Die zahlreichen Geräte können von den Besuchern selbst in Gang gesetzt werden, die Kinder können mit vielerlei optischen Täuschungen spielen.

57 Ehingen, Gerolfingen, Wittels-hofen, Röckingen: Wanderung auf den Hesselberg

Der Hesselberg, mit 689 m Höhe höchste Erhebung Mittelfrankens, ist ein vom eigentlichen Gebirgsstock, dem Jura, abgetrennter Berg. Der Einschnitt dazwischen wurde durch Witterungseinflüsse, vor allem Erosion, abgetragen, der härtere Stock blieb erhalten. Der auffällige und weithin sichtbare Berg hat bereits in frühgeschichtlicher Zeit, längst vor der germanischen Landnahme Siedler angezogen. Während der Ungarneinfälle um 950 n. Chr. diente er als Fluchtort und Kampfstätte, wie dort gefundene ungarische Waffen zeigen. In neuerer Zeit diente die weite Hochfläche den umliegenden Bauern als Marktort und – das dunkle Kapitel soll nicht ver-

➤ Toureninfos:

ℹ „Klassenzimmer im Grünen" Kappelbuck: Gemeinde Ehingen, Wittelshofer Str. 30, 91725 Ehingen, Tel. 09 835 / 9 79 10 www.ehingen-hesselberg.de

P Am Ende der Straße von Gerolfingen zum Hesselberg

🍴 In den umliegenden Dörfern. Imbiss in der evangelischen Bildungseinrichtung

≈ Badesee am Weg von Röckingen zum Hesselberg (Abzweigung bei der Kirche), Freibad in Wittelshofen und Gerolfingen

An schönen Tagen ist der Hesselberggipfel viel besucht

schwiegen werden – den Nazis als Ort des „Frankentags", einer von Gauleiter Streicher inszenierten Massenveranstaltung. Heute befindet sich auf halber Höhe eine evangelische Bildungseinrichtung.

Von den umliegenden Gemeinden führen Wanderwege auf den Berg, so von Wittelshofen ein geologischer Lehrpfad, von Röckingen aus eine alte Allee (Abzweigung beim Gasthaus) und ein zweiter bei der Kirche abzweigender Weg, der an einem kleinen Badesee vorbeiführt. Von Gerolfingen aus kann man auf der Straße fast bis zur Hochfläche fahren, eine Strecke, die sich bei Mountainbikern großer Beliebtheit erfreut.

Auf der Hochebene, der Osterwiese, kann man kleine Spaziergänge auf dem Gipfelrundweg unternehmen, die weite Aussicht bis nach Nürnberg, der Frankenhöhe, der Schwäbischen Alb, über den von Meteoriten herrührenden Rieskrater hinweg, an klaren Tagen sogar bis zu den Alpen und der Rhön bewundern, den Modellfliegern zusehen, sich in das warme Gras des Steppenlandes legen, Picknick machen oder von dort aus den nicht mehr weit entfernten Gipfel besteigen.

In der Umgebung des Hesselberglandes finden sich mehrere mit EU-Förderung entstandene Naturlehrpfade. Besonders schön ist der am Kappelbuck an der Anhöhe südlich des Dorfes Beyerberg.

Hier kann man im „Klassenzimmer im Grünen" bergauf, bergab spazierengehen, sich an mehr als 20 Stationen mit Natur- und alter Kulturlandschaft vertraut machen, mit Streuobstwiesen, to-

Tipp

Die Gegend zwischen Feuchtwangen und Bechhofen ist reich an Weihern, zum großen Teil Karpfenteichen, an denen auch der neu eingerichtete „Karpfen-Radweg" vorbeiführt. Am Radweg am Rande der ausgedehnten Bechhofer Heide liegt auch der „Krummweiher", der sich um ein halbinselförmig in den See ragendes Waldstück zieht. Am anderen Ufer findet sich eine Wiesenfläche, ein kleiner Badestrand mit Kiosk, Umkleidehäusern und Duschen. Eine ruhige Badegelegenheit in landschaftlich schöner Umgebung, die auch zu Waldspaziergängen einlädt. Eine abgetrennte Wiese neben dem nahen Sportplatz lädt zum Zelten ein. Info unter www.markt-bechhofen.de

Baden am Krummweiher

Kinder ab 8 Jahren können in Einer- oder Zweier-Schlitten auf der Fahrrinne in die Tiefe sausen. Elf Steilkurven sind auf der 550 m langen Strecke zu bewältigen, die einen Höhenunterschied von 65 m aufweist.

Mit einem Schlepplift wird man im Schlitten nach oben gezogen. Die Geschwindigkeit lässt sich mit einer Bremse selbst regulieren. Natürlich muß man darauf achten, dass man bei größerem Betrieb nicht zu nahe auf den Vordermann auffährt. Eine weitere Attraktion stellt die Bungee-Trampolinanlage dar, auf der auch Kinder gefahrlos Sprünge von fünf Metern Höhe ausführen können.

Eine Wild-Schauanlage grenzt an das Gelände an, ebenso gibt es Minigolf, weitere Spielmöglichkeiten und eine Gastwirtschaft.

➤ Toureninfos:

ℹ Fa. Sommerrodelbahn Pleinfeld, 91785 Pleinfeld, auch Schloßstraße 19, 91792 Ellingen,. Tel. 09 144 / 63 00 und 09 141 / 97 860, Fax 09 141 / 9 78 58

🕐 März-Okt (witterungsabhängig): Mo-Fr 13 h-18 h, Sa, So, Ferien: 10 h- 18 h

€ **Eintritt Rodelbahn:**
Eine Fahrt : Erwachsene 2,50 €,
Kinder 2,00 €. 6er-Karten 12,00 €
bzw. 10,00 € für Kinder
Wildgelände:
Wildschau ganzjährig geöffnet
Erw.: 2,00 €, Kinder: 0,95 €
Bungee-Trampolin:
Erw.: 5,00 €, Kinder: 4,00 €

P Am Gelände, direkt an der B 2

Ⓗ Bahnhof Pleinfeld der Linie Treuchtlingen-Nürnberg, 3 km entfernt

🍺 Biergarten am Gelände

〰 Hallenbad, Freibad in Pleinfeld, Brombachsee

Hoch hinaus auf dem Bungee-Trampolin

Tipp

Genug gerodelt? Gleich am Biergarten kann man auf dem Bungee-Trampolin der Schwerkraft ein Schnippchen schlagen und in 3 m Höhe einige Saltos wagen.

Steinerne Rinnen (wachsende Steine) entspringen einer Laune der Natur und kommen gelegentlich im Jura vor. Kalkhaltiges Wasser eines kleinen Baches lagert sich zusammen mit Moosen ab und bildet einen Tuffsteindamm, der als hochgelegenes Flussbett dient und jedes Jahr um wenige Zentimeter wächst. Die Steinerne Rinne bei Rohrbach erreicht eine Höhe von fast einem Meter und ist etwa 50 Meter lang. Ein Naturwunder, dem man mit Staunen und Ehrfurcht begegnen kann und das selbstverständlich nicht mit Menschenhand berührt werden sollte.

➤ Toureninfos:

i Wer die Besichtigung mit einer Wanderung verknüpfen möchte, kann auch an der kleinen Straße von Indernbuch nach Rohrbach links parken und am Limesweg den Bach hinabsteigen

◷ Eintritt und Öffnung frei

P am südlichen Ortsausgang von Rohrbach

H Von Weißenburg bis Indernbuch, bzw. von Ellingen bis Kaltenbuch, von da zu Fuß

Steinerne Rinne

Am Waldrand bei dem Naturdenkmal befindet sich ein kleiner Spielplatz.
Zu erreichen ist das abgelegene Naturdenkmal über die Straße Weißenburg - Indersbuch - Rohrbach oder über Pleinfeld, Hundsdorf oder von Ellingen aus über Hundsdorf.

Tipp

Von der Steinernen Rinne lässt sich entlang des Limes zum römischen Burgus bei Burgsalach (siehe Tour 61/ Burgsalach) wandern.

60 Kleiner und Großer Brombachsee, Igelsbachsee: Baden, Radfahren, Schifffahrt

    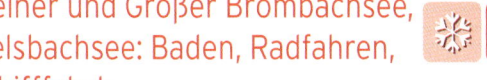

Die drei Seen bilden das Mittelstück des „Neuen Fränkischen Seenlandes", dessen östlichen Teil der Rothsee, den westlichen Teil der Altmühlsee bilden. Sie wurden aus wasserwirtschaftlichen Gründen geschaffen, um vom wasserreichen

> **Toureninfos:**

i Zweckverband Brombachsee, 91875 Ramsberg, Tel. 0 91 44/72 70 50. Schiff-Fahrt: Schiffsanlegestellen in Ramsberg – Absberg – Enderndorf – Altmannsdorf und Pleinfeld/Wald. www.erlebnisschifffahrt-brombachsee.de Rundfahrt. 8,50 €, Kinder 4,00 € - Teilstrecken entsprechend weniger. Fahrradmitnahme möglich. Auskunft 09 144 / 92 70 50

€ Seen jederzeit frei zugänglich

P Pleinfeld (längerer Weg), Ramsberg, Langlau, Absberg, Endersdorf, Altmannsdorf.

H Bahnhof Pleinfeld der Bahnlinie Nürnberg - Treuchtlingen, 3 km entfernt. Bahnhöfe Ramsberg und Langlau der Linie Pleinfeld-Gunzenhausen

Vielfältige Sportmöglichkeiten am Brombachsee

Donau-Altmühl-Gebiet bei Bedarf Wasser ins trockenere Rezat-Regnitz-Main-Gebiet zu schaffen, ferner als Wasserspeicher für die Umgebung. Alle Seen sind miteinander durch künstliche Zuleitungen verbunden.

Der Große Brombachsee hat eine Länge von 5,5 km und eine Breite von bis zu 2 km bei rund 9 qkm Gesamtfläche. Die Tiefe beträgt bis zu 37 m.

Bei Altmannsdorf ist ein Erholungszentrum mit Restaurant, Spielplatz, Fahrradverleih eingerichtet, hier hält auch das Schiff zur Seerundfahrt. In Ramsberg gibt es eine Schiffanlegestelle, einen Sandstrand, Spielmöglichkeiten, Boot- und Rikscha-Verleih.

Der Radweg um den See an der Nordseite ist 17 km lang. Er führt an der Südseite durch ein schönes schattiges Waldgebiet und hat einen Anschluss nach Pleinfeld mit Bahnstation.

Absberg am Brombachsee
Staatl. anerkannter Erholungsort

• Zwischen Brombachsee und Igelsbachsee im Fränkischen Seenland gelegen • Herrliche Aussicht auf die Seen • Freizeitanlagen Badehalbinsel und Seespitze mit Spielplätzen, Sandstränden, Minigolf, Trampolin, San-Shine-Camp, Fahrradverleihe und vieles mehr • Wir bieten unseren Gästen ein abwechslungsreiches Ferien- und Gästeprogramm • Sehr gut ausgebaute Rad- und Wanderwege.

Info-Tel.	09175/1710
Internet	www.absberg.de
E-Mail	info@absberg.de

Der Kleine Brombachsee weist eine Wasserfläche von 2,5 qkm auf, die Länge beträgt 2,2 km, die Breite bis 1,25 km. Die größte Tiefe beträgt 13 Meter. Die Badehalbinsel Absberg und das Freizeitzentrum in Langlau bieten bewachte Strände, Liegewiesen, Sportplätze, Spielplätze und Versorgungseinrichtungen. Auch Bootsverleihe (Tretboote und Ruderboote) und Fahrradverleihe sowie mehrere Gaststätten sind vorhanden. Der Radweg um den Kleinen Brombachsee ist 8,5 km lang, kann jedoch mit dem Radweg um die Südseite des Großen Brombachsees und einen Ausflug in die oberhalb des Großen Brombachsees gelegenen Dörfer verbunden werden. Ein Ausflug nach Thannhausen, dem vermutlichen Heimatort des Minnesängers „Tannhäuser" und zum Römerbad bei Theilenhofen mit dem Fahrrad ist möglich.

Tipp

*Der **Rothsee** ist der östlichste See des „Neuen Fränkischen Seenlandes". Er hat eine Wasserfläche von 50 ha und eine Tiefe von 8,50 Metern und ist an vier Stellen zugänglich (Seezentrum Heuberg bei Haimpfarrich, Kronmühle, Erholungszentrum Birkach, Erholungszentrum Grashof). Am Seezentrum Heuberg gibt es einen Bootsverleih sowie einen Segelhafen. In Birkach schließt sich an den Badebereich ein Naturschutzgebiet an. Ein Erlebnis ist es, den See mit dem Fahrrad oder auch – als guter Wanderer – zu Fuß zu umrunden, wobei an der Südseite der Weg im schattigen Wald verläuft.*

*Der **Altmühlsee** ist der westlichste See des „Neuen Fränkischen Seelandes". Der See hat eine Fläche von 450 ha und eine Wassertiefe bis 2,50 m. Die Länge beträgt 4 km, die Breite bis 1,7 km. Es ist ein künstlicher See, der sowohl aus wasserwirtschaftlichen Gründen wie als Freizeitsee zum Baden und Bootfahren angelegt wurde. Es gibt Liegewiesen, Kinderspielplätze, Bootshafen und Bootsvermietung. Um den See führt ein durchgängiger Fahrradweg. Wem der Altmühlsee bei großer Hitze zu wenig Schatten bietet, kann zum Baden das herrlich gelegene „Waldbad am Limes" in Gunzenhausen mit großen Rutschen und Wasserspielgeräten aufsuchen. Von Hafen zu Hafen kann man mit dem Schiff fahren. (Saison von Ende April bis Ende Oktober).*

61 Weißenburg und Umgebung: Limes und Römerbauten

Die Römer unter ihren Feldherren Drusus und Tiberius, den Stiefsöhnen des Kaisers Augustus, eroberten in den Jahren 15 n. Chr. und 16 n. Chr. das Land zwischen Alpen und Donau. Zur Zeit der Kaiser Trajan und Hadrian drangen sie dann auch über die Donau vor. An der Grenze ihres Reiches zogen sie einen Grenzwall, den „Limes", der sich von der Donau bis zum mittleren Rhein erstreckte. Seit dem Jahre 2005 steht der „Obergermanisch-raetischer Limes", wie er wissenschaftlich heißt, auf der Liste der UNESCO-Weltkulturerbe. An manchen Stellen war die Steinmauer bis zu drei Metern hoch. In regelmäßigen Abständen gab es Wachttürme, in den Kastellen im Hinterland waren römische Soldaten stationiert. Im Hinterland gab es auch Gutshöfe (villa rustica) für die Versorgung der Soldaten. Um das Jahr 260 drangen die germanischen Alemannen in mehreren Feldzügen vor und vertrieben die Römer, die

> ➤ **Toureninfos:**

ℹ️ Stadt Weißenburg, Verkehrsamt, Marktplatz 19, 91781 Weißenburg, Tel. 09 141 / 907-124

🚉 Bahnhof Weißenburg der Linie Treuchtlingen - Nürnberg

≈ Limesbad (Freibad) und Hallenbad in Weißenburg

daraufhin den Limes an die Donau zurückverlegen mussten. Im 5. Jh. zogen sich die Römer endgültig aus dem Land nördlich der Alpen zurück. Die römische Zivilisation, die auch den Germanen Haus- und Straßenbau, Obst- und Weinbau gelehrt hatte, erlosch im germanischen Gebiet. Bis ins 18. Jh. konnte man in der Landschaft die Wälle sehen, auf denen der Limes aufgeschichtet wurde. Im Volk wurde die Mauer, deren Herkunft nicht mehr bekannt war, auch „Teufelsmauer" genannt.

Dann nutzten die Einheimischen die Steine zum Bau ihrer Häuser und Wege, so dass heute bis auf einige gerade in der Landschaft verlaufenen mit Hecken bestandenen Wällen nur wenig von dem ehemaligen Befestigungen zu sehen ist. Besonders in der Gegend um Weißenburg fand man bei Ausgrabungen jedoch eine Reihe von römischen Anlagen, Überreste des Limes mit Wachttürmen, römische Kastelle, Römerlager und römische Bäder.

Das Kastell Biriciana

Römerkastell Biriciana

61 In Weißenburg selbst stand das Kastell Biriciana, ein Römerlager von annähernd quadratischem Grundriss, das Mitte des 2. Jahrhunderts n. Chr. errichtet wurde und ein 500 Mann starkes Regiment beherbergte. Gut ist der weiträumige Grundriss zu erkennen. Das nördliche Lagertor (Porta decumana) und ein Teil der Nordmauer wurden 1989/90 rekonstruiert und sind zur Besichtigung frei zugänglich.

Römische Thermen

Zu einer römischen Siedlung gehörten ausgedehnte Badeanlagen, die mit warmem Wasser betrieben wurden, sogenannte Thermen. In ihnen traf man sich zu Erholung, Sport und Spiel, gemeinsamem Essen, aber auch zu Beratungen und zum Informationsaustausch. Die in Weißenburg 1977 entdeckten und ausgegrabenen Römerthermen liegen unweit des Kastells Biricianum und stellen eine der größten und am besten erhaltenen römischen Thermenanlagen in Deutschland dar.

Römermuseum und Limes-Informationszentrum

Das Römermuseum enthält Objekte, die bei den Ausgrabungen in Weißenburg und bei anderen Römerausgrabungen in dieser Gegend am Limes gefunden wurden. Man sieht ein Pferdegrab, das Modell eines römischen Gutshofes, eines römischen Reisewagens, eine ausführliche Münzsammlung. Das neue Limes-Informationszentrum, im Zusammenhang mit der Erhebung des Limes zum UNESCO-Weltkulturerbe entstanden, gibt Einblick in moderne archäologische Methoden, vor allem der Luftbildarchäologie, chemischer und geophysikalischer Hilfsmittel, zeigt Karten des Limes, Modelle von römischen Kastellen und Villen.

Reste römischer Siedlungen in der Umgebung Weißenburgs

Burgsalach: Südlich des Ortes, 10 km von Weißenburg entfernt, kommt man zum Limes. Dort am Waldrand hat man einen hölzernen Wachturm nachgebaut. Etwa 500 m südwestlich führt ein ausgeschilderter Weg am Waldrand entlang zu einem kleinen Wäldchen, in dem der „burgus" verborgen ist, ein kleines römisches Kastell, das an nordafrikanische Vorbilder erinnert und sonst im germanischen Gebiet nicht vorkommt. Die Fundstellen sind mit dem Wanderweg „Auf den Spuren der Römer" verbunden, der auf 5 km bzw. 9 km 7 Stationen umfasst.

Theilenhofen: Südlich des Kleinen Brombachsees sind gut erhaltene Reste einer römischen Badeanlage sowie der Grundriss eines Kastells zu finden. Zum Römerbad zweigt man in der Nähe des Wasserturms Richtung Sportplatz ab.

Walting-Pfünz: Das 7 km östlich von Eichstätt gelegene Kastell „Vetonianis" (Vetoniana) ist eines der größten erhaltenen (145 x 189 m). In diesem um das Jahr 90 n. Chr. erbauten Kastell war eine berittene Kohorte mit 500 Mann stationiert, die den Brückenübergang über die Altmühl sichern sollte. Das Nordtor ist Ausgangspunkt eines 800 m langen Lehrpfades.

In den Lagunen am Jurameer entstanden vor rund 150 Millionen Jahren Gesteinslagen, in die niedere Tiere eingebettet wurden. Die Hartteile der Saurier, Echsen, Schnecken, Ammoniten usw. versteinerten und wurden zu Fossilien zusammengepresst. In verschiedenen aufgelassenen Steinbrüchen zwischen Solnhofen und Eichstätt besteht Gelegenheit, selbst nach Fossilien zu suchen. Ausgerüstet mit dem nötigen Werkzeug, das man sich an einigen Steinbrüche leihen kann, ist schon manch einer fündig geworden.

Oberhalb von Solnhofen, hinter den Carrières Bavariae genannten großen kommerziell genutzten Steinbrüchen, befindet sich ein Hobby-Steinbruch, der von der Gemeinde Solnhofen unterhalten wird.

Oberhalb von Eichstätt, beim Kinderdorf Marienstein (Abzweigung beim Kloster an der Altmühlstraße vor Eichstätt oder von der B 2 (2 km vor Eichstätt) befindet sich der Steinbruch Blumenberg, in dem auf großem Gelände nach Lust und Laune gegraben werden kann. Werkzeug kann ausgeliehen werden. In diesem Steinbruch wurde 1877 das erste vollständig erhaltene Exemplar des Urvogels „Archaeopteryx" gefunden, der in der Kette der Evolution den Übergang vom Reptil zum Vogel darstellt. Das nahe gelegene seit 1968 bestehende private Museum Bergér am Harthof, ein hinter den Steinbrüchen gelegenen Gutshof, zeigt einen Abdruck davon (das Original befindet sich im Berliner Naturkundemuseum).

Auf der Suche nach Fossilien

> **Toureninfos:**

ℹ️ Steinbruch-Eichstätt-Blumenberg 9876-0; Museum Bergér, Harthof 1, 85072 Eichstätt, Tel. 0 84 21/46 63 info@museum-berger.de

🕐 Steinbruch-Kiosk: April bis Oktober: Ab 9.30 –18 h oder bis Einbruch der Dunkelheit. Museum Bergér in Eichstätt-Harthof geöffnet April-Oktober: 13.30-17 h, So: 10-12 h und 13.30-17 h

€ Eichstätt: Steinbruch Blumenberg, Tel. 0 84 21/9 87 60, Erw. 2,00 €, Kinder 1,00 €, Familien 5,00 €.; Hobbysteinbruch Solnhofen: Erwachsene 2,50 €, Kinder 1,00 €, ganzjährig geöffnet 9.30-18 h

🅿️ Am Gelände

🍴 in Eichstätt zahlreiche Gaststätten

〰️ Hallen- und Freibad in Eichstätt

Das CINECITTA' – Multiplexkino, IMAX, Simulationskino und Event-Location

Das CINECITTA' Multiplexkino ist Deutschlands größter Kino-Komplex. Mitten in der Nürnberger Alt-stadt gelegen, bietet das Haus über 5.000 Sitzplätze und modere digitale Kinotechnik in 21 Sälen. Einmalig in Deutschland ist das zum Komplex gehörende IMAX-Kino. Fast 40 Meter unter der Erde befindet sich der Saal mit der größten Kuppel-Leinwand Europas: Auf 1.000 qm erleben die Zuschauer ein faszinierendes Filmerlebnis. Ebenfalls einzigartig: Wird die Kuppel nach oben geschwenkt, eröffnet sich der Blick auf eine flache, 600 qm große Leinwand. Hier werden mit modernster Technik 3D-Filme auf der Riesenleinwand gezeigt – oder aber die aktuellen Blockbuster aus Hollywood in bester digitaler Qualität!

Für alle, die ein noch intensiveres Filmerlebnis suchen, befindet sich im CINECITTA' das MAD-Simulationskino: Hier bewegen sich die hydraulischen Sitze synchron zum Film und reißen die Zuschauer förmlich mit!

Abgerundet wird der Kinobesuch im CINECITTA' durch unterschiedlichste Gastronomie-Bereiche: Die drei Restaurants „Indochine", „Trattoria" und „American Diner" stellen mit ihrer hervor-ragenden Küche ein kulinarisches Highlight dar und bieten von asiatischen bis fränkischen Speisen, kleinen und großen Gerichten, Snacks und Menüs alles an, was das Herz begehrt. Ver-schiedene Cafés, Bars, attraktive Außentrassen mit herrlichem Blick auf die Pegnitz und die Alt-stadt runden das Angebot ab und laden zum Verweilen ein.

CINECITTA' Multiplexkino • Theater-Café-Bar-Restaurant
Gewerbemuseumsplatz 3, 90403 Nürnberg
Information: 0911 20666-0 • Reservierung: 0911 20666-6
www.cinecitta.de

Besondere Angebote im CINECITTA'

Live-Events im CINECITTA'
Dank der digitalen Kinotechnik ist es möglich, Events aus aller Welt live und via Satellit in das Nürn-berger Multiplexkino zu übertragen. Etabliert hat sich inzwischen die Reihe „Klassik im Kino". Hier werden vor allem Opern-Aufführungen aus berühmten Häusern wie der Metropolitan Opera in New York gezeigt. Dank der digitalen Kinotechnik können so die Zuschauer in Nürnberg live dabei sein, wenn Größen wie Anna Netrebko in New York auf der Bühne stehen. Neben den Live-Übertragungen werden im CINECITTA´ weitere einmalige Events gezeigt; darunter DVD-Premieren, Sonderreihen mit Reisefilmen oder unter dem Motto „Uni im Kino" oder Konzertmitschnitte aus Rock und Pop. Aktuelle Termine in den „Filmtips" oder unter www.cinecitta.de/klassik
Preise: z. B. Opern-Live-Übertragung aus New York 21,50 €

Rent a Kino
Die Kinosäle des CINECITTA´ und die Foyer-Flächen können zu den verschiedensten Anlässen gemietet werden – von Privatpersonen wie auch von Firmenkunden. Dank der unterschiedlichen Größen sind Events mit 10 bis 1.500 Gästen im Kino problemlos umsetzbar. Der kleinste mietbare Saal ist das DVD-Kino, dennoch verfügt es über Multiplex-Standard: extreme Beinfreiheit, französische Komfortsitze, Surround Sound und hochauflösendes Bild. Das Kino hat 32 Sitzplätze. Gebucht werden kann der Saal exklusiv für einen Film Ihrer Wahl – Klassiker, Hochzeitsvideo, Pressekonferenz, Blockbuster oder aber für eine Play-Station-Session!
Täglich (nach Vereinbarung)
Kinomiete: z.B. DVD-Kino ab 65,00 €

Der PLAYMOBIL-FunPark 2009:

Aller neuen Dinge sind zwei:
AktivPark und Großbaustelle!

Der PLAYMOBIL-FunPark in Zirndorf bei Nürnberg ist ein ideales Familienausflugsziel. Das 90.000 qm große Freizeitpark-Areal ist bei Kindern so beliebt, weil sie dort nach Herzenslust klettern, springen und spielen können. Das einzigartige Konzept setzt auf Aktiv-Sein statt Schlangestehen und Bewegung im Spiel.

Achtung Großbaustelle, heißt es ab Frühsommer 2009 im FunPark! In einem neu geschaffenen Spielbereich kann mit den aktuellen original PLAYMOBIL-Baufahrzeugen in toller Steinbruchkulisse realitätsecht beladen und gebaggert werden. Weitere Highlights im abwechslungsreichen Außenbereich sind die PLAYMOBIL-Spielwelten in Großformat, wie zum Beispiel Piratenschiff, Ritterburg und Bauernhof. Auch die speziell kon-zipierten Aktivspiel-plätze warten auf mutige Entdecker. Edelsteine suchen, Traktor fahren, matschen: die Spaß-Garantie des PLAYMOBIL-FunParks liegt im Selber-Machen und Erleben.

Bis zum Sommer 2009 entsteht im FunPark auf 3.000 qm ein neuer Aktiv-Park: Outdoor-Fitnessgeräte, Sommer-Eisstock-schießen, Boule-Bahnen und viele Angebote mehr laden Jung und Älter, Familien und Singles ein zum gesunden und geselligen Aktivsein. Durch die verlängerten Abendöffnungszeiten von Biergarten, dem 18-Bahnen-PLAYMOBIL-Minigolf-Platz sowie dem neuen AktivPark über den FunPark-Betrieb hinaus, wird die Region um ein sportliches Freizeitziel reicher.

Eignet sich das Wetter nicht, um draußen zu toben, können die Kinder den 1.000 qm großen überdachten Klettergarten mit Lichterlabyrinth erkunden, oder im gläsernen Hob-Center beim PLAYMOBIL-Spielen in liebenswerten PLAYMOBIL-Kulissen stundenlang 1001 Ge-schichten und spannende Abenteuer erleben.

Der Park hat täglich* von 9 bis 18 Uhr geöffnet. Im Winter bis zum Beginn der Frühjahrsaison am 4. April 2009 bleibt der Außenbereich geschlossen. Durchgehend offen ist der überdachte Klettergarten sowie die neuen Winterspielbereiche im FunPark-Shop. In den bayerischen Faschingsferien ist zusätzlich das Hob-Center geöffnet. Der Eintritt kostet je nach Saison und Teilöffnung 2,50 Euro bis 10 Euro pro Person. Kinder unter 3 Jahren sind frei. Und Geburtstagskinder erhalten bei Vorlage ihres Ausweises ebenfalls freien Eintritt.

Nähere Infos: www.playmobil-funpark.de

* FunPark geschlossen am 24. und 25. Dezember und 1. Januar

Die KinderKüche in Nürnberg hat eröffnet!

Nürnberg, im Mai 2008. Endlich! Die KinderKüche auch in Nürnberg!

Nach dem großen Erfolg der Kinder-Küche in München und in Hamburg wurde am 10. Mai 2008 die 3. Filiale in der Friedenstrassse 11, in 90409 Nürnberg eröffnet.

Die Kochkurse

Nichts ist grundlegender für die Gesundheit und die soziale Kompetenz von Kindern als eine naturbelassene und abwechslungsreiche Ernährung, die Freude an einer gepflegten kulinarischen Kultur und dem gemeinschaftlichen Erlebnis Essen. Leider

kommen diese Werte oft viel zu kurz. Genau hier setzt die KinderKüche an und vermittelt unter Anleitung von Agnes Jablonka (Dipl. Ing. Ernährung und Versorgungsmanagement) Kindern im Alter zwischen 4 und 15 Jahren in Kochkursen den Spaß am Kochen und den Spaß an einer gesunden Ernährung. Außerdem können Geburtstagsfeiern und andere Themen-Parties rund ums Kochen und Backen in der KinderKüche gebucht werden.

Eine spezielle Ernährung und Diät müssen für Kinder keinen Verzicht bedeuten!

Immer mehr Kinder leiden an ernährungsbedingten Krankheiten, wie z. B. Allergien, Lactoseintoleranz, Zöliakie, Neurodermitis, Über-, Untergewicht. In Kursen und individueller Einzelberatung bieten wir betroffenen Kindern und deren Eltern Unterstützung an. Sie lernen die Hintergründe der Krankheit kennen und erfahren, wie sie eine darauf abgestimmte Ernährung in ihren Alltag integrieren, und dass man mit etwas Kreativität trotz bestimmter Einschränkungen leckere und gesunde Gerichte zaubern kann.

Kontakt:

Agnes Jablonka (GF Nürnberg)
Friedenstrasse 11, 90409 Nürnberg,
Tel: 0911/8106060
nuernberg@diekinderkueche.de

Susanne Klug (GF München),
Sedanstr. 16, 81667 München,
Tel: 089/48954164
muenchen@diekinderkueche.de

Miriam Lucke (GF Hamburg),
Langenfelder Damm 14, 20257
Hamburg, Tel: 040/28510857
hamburg@diekinderkueche.de

www.diekinderkueche.de

Park-Information

Wollen Sie einen unvergleichlichen Tag oder ein nettes Wochenende erleben?

Dann könnten Sie beispielsweise im Fichtelgebirge wandern, im Frankenwald radeln, die Oberpfalz oder Oberfranken erkunden, die Fränkische Schweiz oder das Obere Maintal besuchen. Egal, wo Sie sich in diesen Regionen aufhalten - es lässt sich immer mit einem unvergesslichen Abstecher zu Bayerns einzigem Schmetterlingspark, dem idea Dschungel-Paradies Neuenmarkt im Landkreis Kulmbach, verbinden!

„Schönheit und Natur pur erleben und genießen"

...so lautet das Motto des idea DschungelParadieses, das Anfang Mai 1998 als erste bayerische Anlage dieser Art in Neuenmarkt von privater Hand eröffnet wurde und seitdem vielen Tausend Besuchern die faszinierende Welt tropischer Insekten und anderer exotischer Tiere näher bringen konnte. Das Aufblitzen der leuchtenden Farben, verursacht durch unzählige prächtige Falter und deren gaukelndes Flugverhalten zwischen vielen tropischen Blüten und Pflanzen, macht diese Anlage zu einem echten Paradies. Und das Beste - Sie haben die ganze Pracht der Natur direkt vor Ihrer Nase - kein Glas, kein Gitter trennt Sie von dieser einmaligen Welt.

Neben den vielen Schmetterlingen kann man sich in der Flughalle auch noch der unzähligen niedlichen, chinesischen Zwergwachteln, der Nymphensittiche „Nico und Nici" samt in Neuenmarkt geborenem Nachwuchs, einigen original japanischen Koi, des ausgewachsenen, ebenfalls freilebenden Grünen Leguans namens „Suri" oder der beiden Weißbüscheläffchen „Herr und Frau Nilson" samt Nachwuchs erfreuen. Die Vogelwelt wird außerdem durch südamerikanische Honigsauger sowie diverse australische Amadinen attraktiviert. Im Eingangsbereich werden zudem in artgerecht gestalteten Terrarien noch Stachelmäuse, Kornnattern, Rosenkäfer, Stabheuschrecken, Fauch- und Totenkopfschaben, ein Riesentausendfüßler, mehrere Vogelspinnen, Kaiserskorpione, Rübenschwanzgeckos, Goldgeckos, Malachit-Stachelleguane, Wüstenhalsbandleguane, Rotaugenlaubfrösche, Kröten-Laubfrösche, Rotbauch-Spitzkopfschildkröten, Platys sowie Bartagamen gezeigt. Zusätzlich ist der Innenhof mit einer Voliere gestaltet, in der je ein Pärchen Rotbauch- und Sonnensittiche eine neue Heimat gefunden hat. Erwachsene und Kinder, für die es zudem innen und außen noch weitere Informations-, Spiel- und Erlebnismöglichkeiten sowie Cafeteria/Bistro und Souvenirshop gibt, sind immer wieder gleichermaßen begeistert. Eine Galerie mit ständig wechselnden Ausstellungen rundet das Gesamtangebot hervorragend ab. Selbstverständlich ist das idea DschungelParadies auf allen Gebieten behindertengerecht.

Weitere Informationen zum Museum Dritte Dimension siehe Seite 84

Kleintierbauernhof Enderndorf am See

Familienurlaub

wird bei uns groß geschrieben. In landschaftlich ruhiger Umgebung gelegen, finden Sie und Ihre Kinder auf unserem Hof viel Platz. Unser großer Garten und der hauseigene Spielplatz mit Klettergerüst und Wippe, laden zum Spielen und Toben gleichermaßen ein. Sie finden neben dem Großen Rutschenturm noch eine Kleinkindergerechte Rutsche und Schaukel vor. Am Hof stehen für unsere Kinder weitere Fahrzeuge zur Verfügung. Sie finden Tretttraktoren, Kettcar, Bobbycar und Laufrad vor. Hängebauchschweine, Schafe, Ziegen, Hasen, Katzen und unser Hofhund warten darauf, gestreichelt und gefüttert zu werden.

Nutzen Sie die Möglichkeit aus dem hauseigenen Kräutergarten Kräuter zu ernten, oder sich einen frischen Tee zuzubereiten. Von unserem Hof sind der Brombachsee und Igelsbachsee nur 500 Meter entfernt. Nutzen Sie die schönen Rad und Fußwege am großen Brombachsee, kleinen Brombachsee und Igelsbachsee,

Radkarten sind im Haus erhältlich. Sie können an den Seen z. B. Rad fahren, wandern, baden, Beachvolleyball, segeln und surfen. Bei nicht so schönem Wetter lohnt sich die Fahrt ins Playmobilland, Tiergarten Nürnberg oder besuchen Sie den Limes in einem seiner Museen.

Urlaub mit Oma & Opa

Hallo OPAs und OMAs, für die Enkel ist bestens gesorgt. Ein Wochenende mit Oma und Opa am Brombachsee verbringen. Dieses Angebot umfasst: 2 Übernachtungen für zwei Erwachsene und Kinder in einer Ferienwohnung. Sie erhalten einen Willkommmmensgruß, eine Führung (nach Absprache), sowie ein kleines Abschiedsgeschenk.

Weitere Pauschalangebote finden Sie auf www.kleintierbauernhof.de

Wir freuen uns auf Ihren Besuch!

Ihre Familie Wirth

Gunzenhausen

Zentrum im Fränkischen Seenland
Staatlich anerkannter Erholungsort
Die Stadt am Welterbe Limes

Die aus einem Römerkastell hervorgegangene Stadt (ca. 17.000 Einwohner) ist das touristische Zentrum im Fränkischen Seenland. Das Fränkische Seenland ist ein Wasser- und Radlerparadies. Gunzenhausen stellt den optimalen Ausgangspunkt für die über 800 km markierten Rad- und Wanderwege.

Freizeitspaß ist garantiert durch das Erlebnis- Hallenbad Juramare mit Saunadorf und dem Freizeitbad Waldbad am Limes. Weitere Freizeitmöglichkeiten, wie Kino, Indoor-Hallenspielplatz, Kletterwand, Kart-Bahn, Badminton, Beachvolleyball und vieles mehr bietet die Stadt am Limes.

Über das ganze Jahr verteilt finden verschiedene Veranstaltungen statt, wie das Bürgerfest im Juli, Seefest im August, Altmühlsee-Festival im August und die Gunzenhäuser Kirchweih im September.

Vor den Toren der Stadt befindet sich der Altmühlsee mit seinen 3 Seezentren, ein Surfzentrum und zwei Erholungsanlagen. Für die „kleinen" Gäste finden sich rund um den See große erlebnisorientierte Spielplätze.

Badevergügen ist ebenso angesagt wie der aktive Freizeitsport für die ganze Familie. Minigolfen, Bungee-Trampolin, Tretboot fahren, Tischtennis spielen, Rad fahren und Wandern. Für Wassersportler wie Segeln, Surfen, Kiten bietet der Altmühlsee beste Voraussetzungen. Im nördlichen Teil des Altmühlsees breitet sich die naturgeschützte Vogelinsel aus. Die Vogelinsel bietet an 365 Tagen im Jahr freien Zugang. Unter Anleitung des Landesbund für Vogelschutz werden fachkundige Führungen angeboten.

Bei einer gemütlichen Rundfahrt auf dem Personenschiff mit der „MS Altmühlsee" läßt es sich besonders gut entspannen. Für die Freibeuter werden in den Ferien Piratenfahrten angeboten.

Neue Freizeitaktivität im Fichtelgebirge
Oxenkopf Kletterwald

Insgesamt sind vier Parcours mit unterschiedlichen Schwierigkeitsgraden zu durchlaufen. Unterwegs gilt es kreative, herausfordernde aber auch verspielte Hindernisse zu überwinden. So wurden beispielsweise Zick-Zackbrücken, Seilrollen, Tibetbrücken und Netze eingebaut. Zu den kreativen Stationen gilt zweifelsohne der passend zum Wintersport eingebaute Schlitten, den man in 12 m Höhe besteigt und über eine Seilrolle 20 m entlang gleitet oder der Tarzan-Swing in ein frei hängendes Netz. Geöffnet ist der Kletterwald für sämtliche Zielgruppen. Für Jugendliche, Erwachsene und Kinder ab 6 Jahren aber auch für Firmengruppen und Vereinsausflügler.

Direkt neben der neuen Schanze ist der Kletterwald in die Fichtenwipfel des Ochsenkopfwaldes integriert und bietet so die Möglichkeit, Natur mit sportlichen Ambitionen zu kombinieren. Die Nähe zur Talstation, die Gipfelregion und die Sommerrodelbahn machen ein umfangreiches Tagesprogramm möglich.

Dahinter steckt die Firma Outdoorincentives von Jürgen Kölbel und Matthias Hartl. Diese haben es sich zu Ziel gemacht, ein umfangreiches Abenteuerprogramm im Fichtelgebirge zusammenzustellen. Mit dem Kletterwald ist die erste Station geschaffen. Neben diesen stationären Einrichtungen bieten das Team vom Ochsenkopf auch noch einen Mountainbikeverleih, Bogenschießen, Fichtelgebirgs-Canyoning, Abseilen sowie weitere diverse Erlebnisse in der Natur an für Gruppen, Familien und Individualisten.

Einführungsparcours:
Hier erlernt man das eigene Sichern und wird auf die unterschiedlichen Hindernisse vorbereitet.

Grüner Parcours:
Sehr gut für den Einstieg geeignet. Die Hindernisse sind in Höhen zwischen 3 und 5 m Höhe angebracht und die Abstände sind noch relativ nah.

Gelber Parcours:
Hier sind Übungen angebracht, die Lust auf mehr machen. Mit der Zickzackbrücke, dem Tarzanswing und der langen Seilrolle ist er sehr abwechslungsreich.

Roter Parcours:
Hier befindet man sich in 4-11 m Höhe, doch die gefühlte Höhe liegt noch deutlich darüber. Der Grund: Ihr blickt direkt in das Tal des weißen Maines. Hindernisse wie der Schlitten, die „zerrupfte" Nepalbrücke und die frei hängende Seilrolle wecken den Abenteurer in dir.

Neu:
„Maisel's Alkoholfrei"-Parcours:
Der anspruchsvollste Parcours mit den längsten Seilrollen und den intensivsten Erfahrungen. In 18 m geht es über Fassbrücken und Bierzeltbänke.

Öffnungszeiten:
Osterferien bis Herbstferien Mi-So 11.00-17.00 Uhr

Eintrittsgelder
Kinder 11 €
Jugendliche 15 €
Erwachsene 19 €

Gruppen und Familientarife unter www.oxenkopf.de

Auf AglasHof sind alle herzlich willkommen,

die einen menschen- und pferde-freundlichen Kontakt schätzen. Für Kinder gibt es ab 4 Jahren Schnupperstunden auf den braven Isis. Ganzjährig und an jedem Wochentag sind Reitstunden auf Gangpferden und Ausritte im wunderschönen fränkischen Seenland möglich. In den Ferien können Kinder eine Woche mit Ponys erleben. Erwachsene und Jugendliche erfreuen sich am mehrtägigen Urlaub mit den lauffreudigen, gelände- und verkehrssicheren Islandpferden. Sie können es sich am Hof gemütlich machen und rundum verwöhnen lassen oder buchen Halbpension und erkunden die Gegend. Das Heuhotel ist von Mai bis September geöffnet. AglasHof ist offizielle Wanderreitstation, bestens geeignet für Urlaub mit dem eigenen Pferd.

Ein Aufenthalt ist auch für nicht reitende Gäste interessant. Sie können wandern, schwimmen oder Rad fahren. Burgen, Museen und Schlossgärten wollen besichtigt sein und Mutige gehen in den Hochseilgarten oder Abenteuerwald.

Schnupperstunden für Kinder ab 4 Jahren

Der Kontakt mit Pferden bewirkt ein völlig neues Lebensgefühl. Als Freund und Lehrer bringen sie einen Hauch von Abenteuer, Freiheit und Freundschaft in unseren Alltag. Durch den hohen Aufforderungscharakter erobern unsere naturnah gehaltenen Islandpferde die Kinderherzen (und nicht nur die) im Nu.

Die Übungen mit und auf den menschenfreundlichen und nervenstarken Pferden helfen Kindern motorische Schwächen ausgleichen, Selbstbewusstsein stärken und Teamfähigkeit entwickeln.

Nürnberg, Nürnberger Land, Großraum Nürnberg

90443 **Nürnberg:**
Verkehrsmuseum

90491 **Nürnberg:**
Museum Industriekultur
mit Schulmuseum

90768 **Fürth:**
Stadtwald, Erlebnispfad

91054 **Erlangen:**
Jugendfarm

91207 **Lauf an der Pegnitz:**
Industriemuseum Lauf

91217 **Hersbruck:**
Deutsches Hirtenmuseum

Fränkische Schweiz, Bamberg

91278 **Pottenstein:**
Burg

91330 **Eggolsheim-Unterstürmig:**
Umweltstation

91367 **Weißenohe:**
Wanderung zur Lillachquelle

96047 **Bamberg:**
Naturkundemuseum

Obermaingebiet

96231 **Bad Staffelstein-Banz:**
Petrefaktenmuseum

96199 **Zapfendorf:**
Freizeitbad Aquarena

96224 **Burgkunstadt:**
Dt. Schustermuseum

91197 **Wonsees:**
Felsengarten Sanspareil

Coburger Land, Haßberge, Grabfeld, Vordere Rhön

96515 **Sonneberg:**
Deutsches Spielzeugmuseum

97725 **Elfershausen**: Ruine Trimburg

97688 **Bad Kissingen:**
Ruine Botenlaube

96166 **Kirchlauter-Pettstadt:**
Gutsgasthof Anders
(Bootfahren, Tiere)

98631 **Römhild:**
Steinsburgmuseum,
Wanderung zur Steinsburg

Würzburg, Mainfranken

97078 **Würzburg:**
Abenteuerspielplatz
Lindleinsmühle

97723 **Oberthulba-Thulba:**
Wasserskizentrum

Burg Zwernitz in Sanspareil

Museumsverzeichnis

Coburger Puppenmuseum
Rückertstr. 2-3
96450 Coburg
Tel. 09561/89-1480
Fax. 09561/89-1489
E-Mail: puppenmuseum@coburg.de
www.coburger-puppenmuseum.de

April-Oktober: täglich 10-16 Uhr
November-März: Di-So 11-16 Uhr,
Montag Ruhetag
für angemeldete Gruppen sind Sonderöffnungszeiten möglich

Deutsches
Dampflokomotiven-Museum
Birkenstraße 5,
95339 Neuenmarkt/Ofr.
Tel. 0 92 27/57 00
Fax 0 92 27/57 03
ddm@dampflokmuseum.de

Mai-Okt: Di-So, Feiertags: 10-17 h
Um 11 h, 14 h und 15 h Modelleisenbahn-
Vorführung

Deutsches Korbmuseum
Bismarckstraße 4, 96247 Michelau
Tel. 0 95 71/8 35 48
Fax 0 95 71/97 07 27
info@korbmuseum.de
www.deutsches-korbmuseum.de

Apr-Okt: Di-So: 10-16.30 h,
Nov-März: Mo-Do: 10-16.30 h, Fr: 10-12 h

Deutsches Zinnfigurenmuseum
Plassenburg,
95326 Kulmbach
Tel. 0 92 21/80 45 71

April-Okt: Mo-So: 9-18 h, Do: 9-22 h
Nov-März: Mo-So: 9-20 h

Fränkisches Freilandmuseum
Bad Windsheim
Eisweiherweg 1, 91438 Bad Windsheim
Tel. 0 98 41/66 80 40
Fax 0 98 41/66 80 99
info@freilandmuseum.de
www.freilandmuseum.de
März-Mitte Oktober: Di-So: 9-12 h
(Eintrittsende 17 h)
2. Oktoberhälfte: 10-17 h (Eintrittsende 17 h)
Nov-Mitte Dezember: 10-16 h

Fränkische Schweiz-Museum
Am Museum 5
91278 Pottenstein-Tüchersfeld,
Tel. 09 242 / 16 40
Fax 09 242 / 10 56
info@fsmt.de
www.fsmt.de

Gerätemuseum Ahorn
Alte Schäferei 2, 85482 Ahorn
Tel. 0 95 61/13 04
Geraetemuseum-ahorn@t-online.de

April-Okt: Di-Fr, So+Feiertags: 14-17 h
Nov-2. Advent: So 14-17 h

Mittelalterliches Kriminalmuseum
Burggasse 3-5, 91541 Rothenburg o. d. T.
Tel. 0 98 61/53 59, Fax 0 98 61/82 58

April-Okt: täglich 9.30-18 h
Nov, Jan, Feb: 14-16 h
Dez, März: 10-16 h

Museum 3. Dimension
Stadtmühle am Nördlinger Tor,
91550 Dinkelsbühl
Tel. 0 98 51/63 36
Fax 0 98 51/28 82
email@3d-museum.de
www.3d-museum.de

April-Okt: täglich 10-18 h
Nov-März: Sa, So: 11-16 h
Weihnachtsferien: täglich 11-16 h

**Museum der deutschen
Spielzeugindustrie**
Hindenburgplatz 1,
96465 Neustadt b. Coburg
Tel. 0 95 68/56 00
Fax 0 95 68/8 94 90
Spielzeugmuseum-neustadt@t-online.de
www.spielzeugmuseum-neustadt.de

Di-So: 10-17 h (Einlassende 16.15 h)

Naturkundemuseum Coburg
Park 6, 96450 Coburg
Tel. 0 95 61/80 81-20
Fax 0 95 61/80 81-40
info@naturkunde-museum-coburg.de
täglich 9-17 h

**Schulmuseum Bad Bocklet-Aschach
im Schloß Aschach**
Schloßstr. 24, 97708 Bad Bocklet
Tel. 0 97 08/3 58 u. 0 97 08/61 42
Fax 0 97 08/61 04
April-Sept: Di-So: 14-18 h
Okt: 14-17 h

**Spielzeugmuseum
(Museum Lydia Bayer)**
Karlstraße 13-15 (Museum),
Irrerstraße 21 (Verwaltung)
90403 Nürnberg
Tel. 09 11/2 31-31 64
Fax 09 11/2 31-27 10
www.spielzeugmuseum-nuernberg.de

Di-Fr: 10-17 h, Sa-So: 10-18 h,

Spessartmuseum Lohr
Schloßplatz 1, 97816 Lohr am Main
Tel. 0 93 52/20 61
Fax 0 93 52/14 09
spessartmuseum@iramsp.de

Di-Sa: 10-16 h
So: 10-17 h

Städtisches Schulmuseum
Sendelbacher Str. 21,
97816 Lohr am Main
Tel. 0 93 52/49 60 u. 0 93 59/3 17
www.lohr.de/kultur

Mi-So: 14-16 h

turmdersinne

Das besondere Museum zum Be-Greifen
der Sinne
Spittlertorgraben, Ecke Mohrengasse
90403 Nürnberg
Tel. 0911/944 32 81
Fax. 0911/944 32 69
info@turmdersinne.de
www.turmdersinne.de

Di-Fr: 13-17 Uhr,
Sa, So und Feiertage: 11-17 Uhr
In den bayerischen Schulferien:
täglich 11-17 Uhr
Angemeldete Führungen auch außer-
halb der Öffnungszeiten

Urwelt-Museum Oberfranken

Kanzleistraße 1, 95444 Bayreuth
Tel. 09 21/5 11 21-1
Fax 09 21/5 11 21-2
verwaltung@urwelt-museum.de
www.urweltmuseum.de

Di-So: 10-17 h
Juli und August: auch montags

Register